KB205572

성경을 묵상한다는 말은, 꼼꼼한 관찰과 바른 해석을 통해 본문의 의미를 깨닫고 적절한 적용을 통해 깨달은 말씀대로 살아가야 함을 뜻합니다. 하나 성경에는 성도 스스로 묵상하기에 오해와 왜곡이 생길 수 있는 곳들이 많습니다. 그중 한 곳이 바로 예레미야애가입니다.

저자는 이 책을 통해 애가를 올바로 묵상하는데 필요한 바르고 친절한 해석과 적용-점을 제공합니다. 독자의 눈높이에 맞춘 적절한 인사이트를 제공하고, 이를 통해 애가의 전체적인 흐름을 잡도록 도와줍니다. 저자가 세심하게 배분해놓은 40일 묵상 순서를 성실하게 지속하다 보면 본문에 대한 시야도 확장되고 어느새 묵상의 습관도 장착될 것입니다.

묵상은 하나님이 성도에게 주신 영혼의 기능입니다. 우리 모두 이를 부지런히 발전시켜서 말씀의 도리를 더 깊이 깨달아 살아내는 하나님 나라의 거룩한 백성이 되어가기를 소망합니다.

서자선_ 광현교회 권사, 독서 운동가

저자 전원희 목사는 하나의 장르입니다. 하나님 나라를 위해 일하는 수많은 이들이 대부분 교회와 학교, 목회자와 신학자의 길 사이에서 하나를 택하여 그 길을 가는 선배들의 발자취를 성실하게 뒤따릅니다. 그러나 저자는 목회자로서 성실하게 목양하던 첫인상이 강렬했던 때에도 학문을 놓지 않았습니다. 어느 한쪽도 소홀함이 없이 학문과 목회 모두에 성실히 정진하여 미증유의 신학적인 성과를 목회 현장의 우리들에게 친절하게 들려주었습니다. 저자는 학자로서의 깊은 분석을 기초로, 우리네 교회에서 신앙인들이 마주하는 깜깜한 영적 현실에 속깊이 공감하며, 말씀을 등불로 들고 오랫동안 함께 공부하며 기도하며 궁리해 왔던 한 걸음을 우리보다 앞서 내디뎌주었습니다. 이제 우리는 저자와 이 책을 통해 지금껏 없었던 깊은 묵상의 길을 따라나설 때입니다.

이기동_ 중심교회The Hub 담임목사, 키즈워십 대표

'세상에 사연 없는 사람은 없다'라는 말처럼, 우리는 각자만의 고통을 안고 살아갑니다. 하지만 고통을 겪고 있는 그리스도인에게 권해지는 것은 결국 말씀을 읽고 기도하라는 통상적이고도 진부한 진심입니다. 그런데 그 말씀이 우리가 현재 경험하고 있는 '슬픔'에 대한 것이라면 어떨까요? 『우리의 춤은 변하여 슬픔이 되고』는 살아가면서 필연적으로 고통을 마주할 수밖에 없는 우리 모두에게 필요한 책입니다. 비록 시대적 상황과 고통의 내용이 조금은 다를지라도 우리는 이 책에서의 애가 묵상을 통해 고난 너머의 메시지를 이해하고 회복의 희망을 기대하며 걸어갈 수 있을 것입니다.

이승아_ 길찾는교회 함께 걷는 이, 다양한 배움을 좋아하는 학생

이 책에는 신앙과 신학을 연결하기 위해 오랜 시간 애써온 저자의 고민이 듬뿍 담겨있습니다. 낯설고 어려운 현대 구약학 연구를 대중의 눈높이에 맞춰 설명해주고, 자칫 편협해질 수 있는 QT의 저변을 '나'에서 '우리'로, 이웃된 피조세계 전체로 넓혀줍니다. 나아가 답답한 애가 본문의 현실을 순간의 위로로 타협하지 않고, 삶의 자리에서 함께 애통하며 씨름하도록 도전합니다.
'문턱은 낮게, 시야는 넓게, 고민은 깊게!' 2년 전 저자와 함께 신학 강의 플랫폼을 론칭하며 꿈꿨던 지향점이 고스란히 묻어나는 책을 만나 감회가 새롭습니다. 슬픔의 시대를 살아가는 그리스도인의 삶이 무엇인지를 배워가는 40일의 묵상 여정에 여러분을 초대합니다.

장민혁_ 오늘의 신학공부 대표

우리의 춤은 변하여 슬픔이 되고

신학과 신앙을 잇는 ———— 예레미야애가 묵상집

우리의 춤은

변하여

슬픔이 되고

고난 중에 근심과 애통을 더하다

전원희

지우

차례

애가 3 장

애가 4 장

애가 5 장

°약어표

ATD	Das Alte Testament Deutsch
Bib	*Biblica*
BibInt	Biblical Interpretation Series
CBQ	*Catholic Biblical Quarterly*
HCOT	Historical Commentary on the Old Testament
HvTSt	*Hervormde teologiese studies*
ICC	International Critical Commentary
Int	*Interpretation*
JBL	*Journal of Biblical Literature*
JSOT	*Journal for the Study of the Old Testament*
JSOTSup	Journal for the Study of the Old Testament Supplement Series
OTL	Old Testament Library
RB	*Revue biblique*
SJOT	*Scandinavian Journal of the Old Testament*
TOTC	Tyndale Old Testament Commentaries
VT	*Vetus Testamentum*
WBC	Word Biblical Commentary
ZAW	*Zeitschrift für die alttestamentliche Wissenschaft*

출판사 서문

"우리의 마음에는 기쁨이 그쳤고 우리의 춤은 변하여 슬픔이 되었사오며"(애 5:15)

출간을 앞두고 잠시 제목을 고민했습니다. 처음에는 독특하고 자극적인 제목을 고민했습니다. 검색이 많이 되는 소위 '키워드'를 찾아보기도 했고, 에세이나 자기개발서와 같이 독특하고 눈에 띄는 제목이 많은 분야들을 검색해보기도 했습니다. 하지만 생각만큼 잘 떠오르지 않았습니다. 그러다 '독자가 자신의 비참함을 마주하고 거기에 근심과 애통이 더하여지게 하자'는 출간 의도를 떠올리며, 그 의도가 담긴 제목을 찾아야겠다는 생각에 다시 본문과 원고로 눈을 돌렸습니다. 그때 만난 제목이 바로 '우리의 춤은 변하여 슬픔이 되고'입니다.

애가에 등장하는 고통의 상황은 이루 말할 수 없이 비참합니다. 성전은 정복당했고 그 안의 모든 것이 약탈당했습니다(1–2장). 어린 아이들이 고통을 당하고, 배고픔에 못 이겨 엄마의 품에서 죽음을 맞이합니다(2:11–12). 심지어 굶주림을 견디지 못한 부모가 자신의 자녀를 먹는(2:20) 상황에까지 이릅니다. 칼에 죽는 것이 배고픔에 죽는 것보다 낫다고(4:9) 할 만큼 그들의 상황은 잔인하고 참담했습니다.

이런 처참한 처지에 애통하며 탄식하는 것은 지극히 당연합니다. 아마 처음에는 영문도 모른 채 그저 당황해하며 분하고 억울한 마음에 분노하는 탄식이었을지도 모릅니다. 하지만 지금 애가를 부르는 시인의 마음에는 이것이 나의 죄 때문이라는 인식이 자리 잡기 시작합니다. "내 죄악의 멍에를 그의 손으로 묶고 얽어"(1:12), "내가 그의 명령을 거역하였도다"(1:18), "나의 반역이 심히 크니이다"(1:20)와 같은 시인의 고백은 3장에 이르러 "여호와의 분노의 매로 말미암아 고난 당한 자는 나로다"(3:1)에까지 이릅니다.

애가에는 희망에 찬 결론이 없습니다. 그저 울부짖을 뿐입니다. 계속해서 탄원하며 하나님의 긍휼을 구합니다. 그리고 마침내 애가의 시인은 하나님께 자신의 죄를 고백합니다. 이후 이스라엘은 뿔뿔이 흩어지고 하나님께서는 수 백 년간 침묵하십니다. 대신 이스라엘이 자신들이 누구인지를 올바로 인식하고 하나님이 어떠한 분이신지를 다시금 깨닫게 하는 것으로 그들에게 응답하셨습니다. 이 책을 통해 독자가 자신의 비참함을 마주하고 거기에 근심과 애통이 더해지기를 바라는 이유가 바로 여기에 있습니다. 자신에게 애통하고 탄식할 수 있음이야말로 우리에게 베푸시는 하나님의 은혜입니다.

자신의 슬픔이 인터넷과 SNS에 공유되어 단 몇 분 내로 수십 수백 명에게 위로받을 수 있는 놀랍도록 긍정적인 시대입니다. 슬픔이 그 어느 때보다 빠르게 휘발되는 시대입니다. 희망과 긍정으로 가득 찬 우리들에게 애통과 탄식이 머물 자리는 없습니다. 그저 이 책에 담긴 애가의 신학과 저자가 안내하는 묵상의 방법과 흐름이, 우리가 하나님께로 향하는 애통과 탄식을 품는 데 작은 도움이 되길 바랄 뿐입니다. 아울러 개인의 기록 공간을 마련해 두었으니 그 곳을 자신의 해석과 묵상과 기도로 채워보시기를 권면합니다. 독자들이 애가를 묵상하며 애통과 탄식의 자리를 만들고 그곳을 하나님께서 주시는 평안과 안식으로 채울 수 있기를 소망합니다.

지우

저자 서문

먼저는 하나님께 감사합니다. 부족한 사람의 글이 책으로 엮여 나올 수 있다는 그 자체가 기적과 같은 일입니다. '애가'라는 구약성경의 한 책은 많은 그리스도인들에게서 외면받았습니다. 왜냐하면 저를 비롯한 많은 분들이 비슷한 생각이겠지만, 결론에 우리가 원하는 희망찬 하나님의 응답이 잘 보이지 않는 성경이기 때문입니다. 물론 결론에 희망이 없는 성경이 애가만 있는 것은 아닙니다. 그래도 다른 성경은 이야기라서 재미라도 있지만 애가는 그렇지 못합니다. 그런 저는 왜 애가에 관심을 갖게 되었을까요?

2021년 2월 초 미얀마에서 군부 쿠데타가 일어났습니다. 들어올 수도 나갈 수도 없는 최악의 상황이 일어났고, 인터넷을 통제하는 바람에 안에서 일어나고 있는 소식을 알 방법이 없었습니다. 하지만 조금이라도 인터넷이 연결되는 기회가 생기면 SNS에 미얀마의 현 상황을 업로드 해주시는 분들이 생겨 외부인인 저도 조금씩 알게 되었습니다. 전쟁과 같은 상황이 다 그렇지만 정말 처참했습니다. 아는 지인 중에 미얀마 분이 계셔서 더 그랬을지 모르지만 마음이 너무 괴로 웠습니다. 그런데 문제는 제가 할 수 있는 것이 아무것도 없다는 사실이었습니다. 미얀마를 위해서 기도는 했지만 답답한 마음을 감출 길이 없었습니다. 그때 제 눈에 들어온 성경이 '애가'였습니다. 기도하는 마음으로 애가를 한 절씩 묵상하기 시작했습니다. 고통을 겪은 시인과 공동체의 노래인 애가는 제가 직접 고통을 겪은 것은 아니지만 미얀마에서 들려오는 노래 같았습니다. 그때부터 저는 연구와 함께 온라인 성경연구를 열어 다른 분들과도 이 마음과 연구 결과 등을 나누었습니다. 그리고 마음 한 켠으로는 소망을 가지고 기도했습니다. '주님, 부활절이 되면 그들에게도 소망이라는 부활이 생겨나게 해주십시오!' 하지만 부활절이 지났음에도 그들에겐 아무런 일도 일어나지 않았습니다. 여전히 고통은 진행 중이었습니다. 매년 만나는 부활절이었지만 그때는 사뭇 '왜 이럴까?' 싶었습니다. 어찌 보면 부활절이라고 모든 일에 다 부활이 일어나는 건 아니었습니다. 매년 그래왔습니다. 물론 부활의 기쁨을 진실로 느끼는 분들도 계셨을 것입니다. 신앙을 다시 한번 다잡는 계기도 되었을 것이구요. 하지만 우리의 일상은 거의 달라지지 않습니다. 고통을 겪는 자들의 고통은 계속 지속되고 있었습니다. 마치 희망의 메시지가 없는 '애가'

처럼 말입니다. 어디 미안마뿐이겠습니까? 눈을 들어 주변을 보면 이와 같은 상황에 놓인 분들이 정말 많습니다. 이런 이유들로 인해 애가가 오늘날 우리에게 무슨 의미가 있을까를 고민하며 그때부터 지금까지 계속해서 연구했습니다. 애가를 읽으며 제가 찾은 결론이 애가를 읽으며 고민하는 분들에게 조금이나마 도움이 될 수 있다면 좋을 것 같습니다.

이 책은 사십일 묵상집으로 구성되어 있습니다. 몇몇 교단에서는 사순절 또는 고난주간에 애가를 읽고 묵상하는 것으로 알고 있습니다. 사순절이 가장 좋은 묵상의 기간이겠지만 우리에게 고난은 때를 정해놓고 찾아오지 않습니다. 그런 의미에선 사십 일간 애가와 함께 깊은 묵상을 하고 싶은 순간에 언제든 활용하신다면 조금이지만 도움이 될 수 있지 않을까 기대합니다.

이 책이 나오기까지 도움을 주신 분들이 정말 많습니다. 우선 애가를 개인적으로 묵상하고 연구하는 것도 참 좋지만, 이 내용을 함께 나눌 수 있는 곳이 있다면 더욱 좋겠다 생각했습니다. 그때 길을 열어 주신 곳이 이기둥 목사님과 중심교회입니다. 목사님과 교회는 애가뿐만 아니라 구약 전체를 마음껏 연구하고 강의할 수 있는 길을 열어 주셨습니다. 부족한 제가 조금씩 성장할 수 있었던 것은 목사님과 교회의 배려가 있었기 때문입니다. 또한 부족한 저를 통해 구약과 관련된 멋진 콘텐츠를 제작해 주시는 장민혁 대표님께 늘 감사합니다. 장민혁 대표님의 격려와 응원은 저에게 언제나 큰 힘이 됩니다. 무엇보다 애가에 대한 저의 진심어린 마음을 공감해 주시고 이 원고가 책으로 나올 수 있도록 도와주신 지우에게 진심으로 감사드립니다. 딱딱한 강의안이 묵상집으로 탈바꿈할 수 있었던 것은 출판사의 기획과 응원 덕분이었습니다. 이 책의 출간을 마음 깊이 응원해 준 사랑하는 동생 김홍석에게도 감사를 전합니다. 제가 어떤 일을 하든 늘 돕고 싶어 하는 그 마음에 항상 미안함과 고마움이 공존합니다. 그리고 제가 애가를 부르는 시기를 지날 때 언제나 기도로 힘이 되어 주시는 양가 부모님과 오후다섯시교회 공동체에게 깊은 감사의 마음을 전합니다. 그리고 제가 애가를 부르며 하염없이 울고 있을 때 제 눈물을 닦아준 아내에게 사랑의 마음을 전합니다. 마지막으로 이 묵상집으로 애가를 묵상하는 분들께 감사드리며, 고난의 길을 지나며 애가를 읽는 모든 분들에게 주의 위로하심이 있기를 간절히 기도드립니다.

함께 우는 위로자가 되고픈
전원희

묵상집의 활용 방법

1. **읽기**: 매일 주어진 본문의 구절수는 약간의 차이가 있습니다. 가능한 비슷한 맥락에 속한 내용을 담으려고 했습니다. 충분히 본문을 읽으며 맥락을 파악하시길 바랍니다.

2. **묵상**: 그 날 본문을 반복해서 읽으십시오. 가능하다면 한글 성경 외에 다양한 역본을 참고하셔도 좋습니다. 그리고 생각나는 물음 등을 적으시고, 이해가 안 되는 문장이나 단어를 표시하셔도 됩니다. 혹시나 본문을 읽는 중에 깨달은 바가 있다면 그것 또한 적으시면 됩니다.

3. **묵상 도움**: 본문의 이해를 돕기 위한 원어 풀이, 맥락 해석 등을 담았습니다. 묵상 중에 생기는 질문들을 해결하고 본문을 이해하는데 적절한 도

움을 받을 수 있을 것입니다.

4. **적용 도움**: 묵상 도움을 통해서 찾아낸 내용들을 오늘날 우리에게 어떻게 적용할 수 있을지 설명한 내용입니다.

5. **개인 기도**: 저자가 적은 적용 외에도 묵상자가 본문을 묵상하며 얻은 또는 깨달은 내용이 있을 것입니다. 그 내용을 기도문으로 적어보세요. 그렇게 기도로 묵상을 마무리하시길 바랍니다.

6. **공동 기도**: 적용 도움 내용을 바탕으로 함께 기도할 수 있는 기도문을 수록했습니다. 개인 기도와 공동 기도를 동시에 하셔도 되고, 둘 중에 하나만 하셔도 됩니다. 편하게 기도의 자리로 나아가십시오.

애가 묵상을 시작하며

애가는 누가 썼을까요?

전통적으로 애가의 저자는 예레미야로 알려져 있습니다. 그 이유는 몇 가지가 있습니다. 한 가지는 역대하 35:25에 있는 성경의 증거입니다.

"예레미야는 그를 위하여 애가를 지었으며 모든 노래하는 남자들과 여자들은 요시야를 슬피 노래하니 이스라엘에 규례가 되어 오늘까지 이르렀으며 그 가사는 애가 중에 기록되었더라"

히브리어 성경을 헬라어로 번역한 칠십인역이 기록되던 시기에 살던 사람들도 애가의 저자를 예레미야로 인식하고 있었습니다. 칠십인역에 있는 예레미야 1:1에는 아래와 같은 내용이 첨부되어 있습니다.

"그리고 전해지기를, 이스라엘이 포로로 잡혀가고 예루살렘은 황폐해진 이후, 예레미야는 주저앉아 흐느끼며 예루살렘을 위해 이 애가를 지었고 그리고 말했다"

이후 유대인들도 이 사실을 그대로 받아들여 그들의 문헌인 탈무드에 기록해 두었습니다.

예레미야는 자신의 책과 열왕기서와 애가서를 썼다(b. B. Bat. 15a:2).

기독교 전통에 서 있는 초대교부들(오리겐, 제롬 등)도 아무런 의심 없이 예레미야를 저자로 받아들였습니다.

애가의 역사적 배경은 언제인가요?

남유다의 멸망과 예루살렘 성전의 파괴 등을 경험한 이야기들이 등장하는 것으로 보아 적어도 주전 587-530년 사이의 기간이 애가의 배경이라고 볼 수 있습니다.

개요

애가는 유대교 전통에서 1장, 2장, 4장의 첫 단어를 따라 '에 카'(אֵיכָה/아!, 어찌하여, 슬프다)가 제목입니다. 애가는 이스라엘 에서 금식예배 및 애도예배에 사용되었고,[1] 이후에 유대교 의 전통에 따라 '성전 파괴 기억일'이라고 불리는 '티샤 베아 브'(תשעה באב, 유대력으로는 아브월 9일, 현대 달력으로는 7-8월)에 읽습니다.[2] 현재는 몇몇 개신교 교단에서 예수 그리스도의 고난과 관련하여, 고난 주간 마지막 삼일(Triduum) 동안 애가 를 읽습니다.

구조

• 1장 : 버려진 예루살렘을 향한 통곡(22절)

• 2장 : 하나님의 진노 가운데 도움을 호소하는 통곡(22절)

---

1   베르너 H. 슈미트, 『구약성서 입문』, 차준희, 채홍식 역 (서울: 대한기독교
    서회, 2007[Werner H. Schmidt, *Einführung in das Alte Testament*, 5.
    Aufl., Berlin: Walter de Gruyter, 1995]), 434.

2   에리히 쳉어, 『구약성경 개론』, 신학텍스트총서 1.4, 이종한 역 (칠곡: 분도
    출판사, 2012[Erich Zenger, *Einleitung in das Alte Testament*, 5. Aufl.,
    Stuttgart: W. Kohlhammer, 2004]), 832; 두안 가렛, 폴 R. 하우스, 『아
    가, 예레미야애가』, WBC 성경주석, 채천석 역 (서울: 도서출판 솔로몬,
    2010[Duane Garrett and Paul R. House, *Song of Songs, Lamentations*,
    WBC 23B, Nashville: Thomas Nelson Publishers, 2004]), 450; 크리스
    토퍼 라이트, 『예레미야애가』, Bible Speaks Today, 백지윤 역 (서울: IVP,
    2021[Christopher J. H. Wright, *The Message of Lamentations*, London:
    Inter-Varsity Press, 2015]), 26.

- 3장 : 하나님의 본심에 기대 긍휼을 바라는 통곡(개인 탄원
시)(66절)
- 4장 : 하나님의 마음처럼 표현된 시인의 감정(22절)
- 5장 : 유일한 소망인 회개(민족 탄원시)(22절)

애가 형태의 특이점은 히브리어 알파벳과 관련이 있습니
다. 1장은 알파벳의 순서에 따라 22절로 구성되어 있습니다.[3]

2장은 1장과 같이 알파벳 순서를 따라 22절로 구성되어
있습니다. 단, '아인'(ע)과 '페'(פ) 두 개의 알파벳의 순서가 뒤
바뀌어 있습니다.

3장도 알파벳 순서를 따르는 것은 1, 2장과 같지만 각 세
절씩 같은 알파벳으로 시작(예: AAA, BBB, CCC, …)해 총 66
절로 구성되어 있습니다. 2장과 같이 알파벳 순서 중에 '아
인'(ע)과 '페'(פ)의 순서가 뒤바뀌어 있습니다.

4장은 1, 2장과 같이 알파벳 순서에 따라 22절이고 2, 3장
과 같이 중간의 알파벳이 '페'(פ)–'아인'(ע)의 순서로 되어 있습
니다.

5장은 알파벳 순서를 따르지는 않지만 1, 2, 4장과 같이

---

3   엄격하게 따르면 히브리어 알파벳은 23개이지만, '쉰'(שׁ)과 '신'(שׂ)을 하나로
    계산

22절입니다.[4]

이렇게 알파벳 순서를 따르는 시를 알렙-베트시, 아크로스틱, 이합체시, 답관체 등으로 부릅니다.[5] 이런 형식을 취한 이유는 몇 가지가 있습니다.[6]

1. 문맹이 많았던 당시 사회에 쉬운 방법으로 암송할 수 있게 돕기 위해서다.[7]

2. 형식이 부자연스럽지 않고 시가 주는 아름다움을 표현

---

4 오토 카이저, 『아가, 애가, 에스델, 룻기』, 국제성서주석, 박영옥 역 (서울: 한국신학연구소, 1992[Otto Kaiser, *Klagelieder*, ATD 16/2, Göttingen: Vandenhoeck & Ruprecht, 1981]), 82–3.

5 이런 특징을 살린 번역본은 거의 없지만, 슬라비트가 시도하고 있다. David R. Slavitt, *The Book of Lamentations: A Meditation and Translation* (Baltimore: The Johns Hopkins University Press, 2001), 60–85.

6 카이저는 어느 특징도 명확하지 않다고 본다. 카이저, 『아가, 애가, 에스델, 룻기』, 83–4; 답스-알삽은 문학적 사용에 초점을 맞춰 시의 결합을 유지시키는 구조적 역할, 통일성을 유지, 궤도와 역동성을 갖게 한다고 설명한다. F. W. 답스-알삽, 『예레미야애가』, 현대성서주석, 이승갑 역 (서울: 한국장로교출판사, 2012[F. W. Dobbs-Allsopp, *Lamentations*, Interpretation, Louisville, KY: John Knox Press, 2002]), 53–4.

7 Balu Savarikannu, "Expressions of Honor and Shame in Lamentations 1," *Asian Journal of Pentecostal Studies* 21, no. 1 (2018): 85; 윌리엄 S. 라솔, 데이비드 앨런 허바드, 프래드릭 윌리엄 부쉬, 『구약개관』, 박철현 역 (고양: 크리스챤 다이제스트, 2002[William Sanford Lasor, David Allan Hubbardand Frederic William Bush, *Old Testament Survey: The Message, Form, and Background of the Old Testament*, 2nd ed., Grand Rapids, Mich.: Eerdmans, 1996]), 906; 이합체시가 단순히 기억을 돕기 위한 도구가 아니었다고 보는 의견도 있다. 가렛, 하우스, 『아가, 예레미야애가』, 552.

하기 위해서다.

3. 마지막으로 이야기하고 싶어 하는 모든 내용이 알렙-타브 안에 다 표현되어 있다는 완성을 표현하기 위해서이다(미드라쉬 애가 랍바 1:20).[8] 애가 안에는 고통과 고난에 대한 완전하고도 철저한 묘사가 들어있다.[9]

4. 중간에 멈추거나 이전으로 돌아가지 않고 지속적으로 앞으로 나아가게 하기 위함이다. 이것은 슬픔에 머무르지 않게 해주는 효과가 있다.[10]

그리고 왜 특별히 3장은 다른 장에 비해 구절수가 많은지 또한 5장은 왜 아크로스틱의 형태를 띠지 않는가에 관해서도 몇 가지 의견이 있습니다.

1. 1-2장은 22절로, 3장에서 66절로 내용의 절정에 이르고 다음 장으로 갈수록 길이가 줄어든다. 이는 마치 시인에게서 힘이 빠져나가는 것을 연상하게 만든다.[11] 5장은 히브리어 알파벳 숫자와 맞춘 22절로 이루어져 있지

---

8   Eliyahu Assis, "The Alphabetic Acrostic in the Book of Lamentations," *CBQ* 69, no. 4 (2007): 712-3.

9   가렛, 하우스, 『아가, 예레미야애가』, 454-5; 552-3; 라이트, 『예레미야애가』, 31.

10 라이트, 『예레미야애가』, 31.

11 라이트, 『예레미야애가』, 39.

만 아크로스틱이 무너진다. 이것은 더 이상 질서가 존재하지 않는 무질서, 불완전, 혼란의 상황을 표현하기 위해 이렇게 표현했을 수 있다.[12]

2. 아시스(E. Assis)는 애가에 사용된 아크로스틱은 감정과 이성의 영역에 모두 영향을 주기 위해 사용했다고 본다. 애가를 부르는 사람들이 아크로스틱과 같이 정확한 구조를 갖추어 노래를 부르지는 못할 것이다. 그렇다고 완벽한 형식을 갖추었다고 해서 고통을 표현하지 못한 것도 아니다. 아크로스틱의 표현은 깊은 사색에 잠기게도 하지만, 고통 너머에 있는 메시지와 의미를 발견하도록 돕는다는 것이다. 그래서 의도적으로 저자는 메시지를 전달하기 위해 아크로스틱을 사용했다고 주장한다. 그러므로 애가의 아크로스틱은 애가를 위하기도 하지만, 연구하고 이해해야 함을 독자들에게 알게 하는 목적을 가지고 있다. 그래서 5장은 이제 애가

---

12   John Frederick Brug, "Biblical Acrostics and Their Relationship to Other Ancient Near Eastern Acrostics," in *The Bible in the Light of Cuneiform Literature: Scripture in Context III*, eds. William W. Hallo, Bruce William Jones and Gerald L. Mattingly, Ancient Near Eastern Texts and Studies 8 (Lewiston, N.Y.: E. Mellen Press, 1990), 286; 트램퍼 롱맨 3세, 『예레미야·예레미야애가』, 이철민 역 (서울: 성서유니온, 2017[Tremper Longman III, *Jeremiah, Lamentation*, Understanding the Bible Commentary, Grand Rapids, MI: Baker Publishing Group]), 487-8.

를 멈추고 자신의 상황을 하나님께 맡기는 기도를 표현하고 있기 때문에 굳이 애가를 표현하는 아크로스틱의 형태를 사용하지 않았다.[13]

애가의 구조에 있어서 존슨(B. Johnson)은 애가 전체가 동심구조(Concentric Structure)로 이루어져 있으며, 가운데 행인 '카프'(כ)와 '라메드'(ל)에 핵심적인 메시지가 담겨 있다고 봅니다.[14] 렌케마(J. Renkema)는 애가 1장이 동심구조로 이루어져 있다고 설명한 것뿐만 아니라,[15] 각 알파벳의 행은 서로 유사한 주제를 논하고 있다고 주장합니다.[16] 애가는 1장과 5장이 서로 연결되고 2장과 4장이 서로 연결됩니다. 1장은 파괴 이후의 유다와 예루살렘 상황을 보여주고, 5장은 그 상황에서 약간의 희망을 엿봅니다. 2장은 과거로 돌아가 파괴를 경험하게 된 이유를 설명하고, 4장도 그 이유를 설명하지만 그

13   Assis, "The Alphabetic Acrostic in the Book of Lamentations," 710–24.

14   Bo Johnson, "Form and Message in Lamentations," *ZAW* 97, no. 1 (1985): 58–73.

15   Johan Renkema, "The Literary Structure of Lamentations (I)," in *The Structural Analysis of Biblical and Canaanite Poetry*, eds. Willem van der Meer and Johannes Cornelis de Moor, JSOTSup 74 (Sheffield: JSOT Press, 1988), 294–320.

16   J. Renkema, "The Meaning of the Parallel Acrostics in Lamentations," *VT* 45, no. 3 (1995): 379–82; Johan Renkema, *Lamentations*, HCOT (Leuven(Belgium): Peeters, 1998), 39–40.

가운데서 희망을 봅니다. 4장과 5장은 1장과 2장에서 볼 수 없었던 희망이 보입니다. 바로 그 계기가 되는 곳에 3장이 자리하고 있습니다.

아시스는 3장을 제외한 각각의 장들이 내용, 어휘, 문체 등으로 연결 가능함을 상세하게 연구하여 주장했습니다. 그에 의하면 2장과 4장은 기근(2:11-12과 4:1, 4-5; 2:19-20과 4:9-10), 하나님의 분노(2:3-4과 4:11), 원수의 기쁨(2:15과 4:14-15), 죄(2:14과 4:22의 내용, 어근 '샤하트'[שחת]를 사용한 2:5, 6, 8과 4:20)를 통한 표현, 선지자의 책임(2:14과 4:13), 왕과 제사장 그리고 선지자(2:20과 4:13)에 관한 내용이 밀접하게 연결되어 있습니다. 파괴 이후 유다의 상황을 그리고 있는 1장과 5장은 미망인(1:1과 5:3), 과거와의 비교(1:7과 5:21), 황폐함으로 인한 눈물(1:16과 5:17-18), 상실감과 고통(1:20, 22과 5:15, 17), 애도(1:4과 5:14-15), 불안(1:3과 5:5), 독립성의 상실과 종속(어근 '아바드'[עבד]를 사용한 1:3과 5:8; 단어 '짜바르'[צואר]를 사용한 1:14과 5:5; 어근 '캬살'[כשל]을 사용한 1:14-15과 5:13), 수치심과 존엄성 상실(1:6과 5:12), 경제적 고통(1:11과 5:9)이 연결되어 있습니다.[17]

---

17   Eliyahu Assis, "The Unity of the Book of Lamentations," *CBQ* 71, no. 2 (2009) 306-29.

애가

1장

고난 중에 근심과 애통을 더하다

° 1장을 묵상하기 전에

1장에는 반복되는 몇 개의 단어와 문장들이 있습니다. 이것을 살펴본다면 1장을 이해하는데 큰 도움을 줍니다.

1. '위로자가 없다'(애 1:2, 9, 16, 17, 21)[1]: 이 문구에 하나를 더해 '돕는 사람이 없다'고 표현하는 구절도 있습니다 (애 1:7).

2. '탄식하다'(애 1:4, 8, 11, 21-22)

3. '모든'(애 1:2[*2], 3, 4, 6, 7, 8, 10, 11, 12, 13, 15, 18, 21, 22[*2]): 2절 같은 경우에는 한글 성경에는 빠져 있으나, 히브리 성경에는 이 단어가 있습니다. '모든'이라는 단어가 재난과 관련하여 사용되었기 때문에 이 단어는 재앙의 완전성(completeness)을 보여줍니다.[2] 전체적인 차원에서 문제가 발생했기 때문에 희망이 좌절된 상태임을 나타냅니다.[3]

4. '감찰하소서'(애 1:9, 11, 20)

---

1 라이트는 궁극적 위로자와 돕는자는 사람이 아니라, 하나님이라고 본다. 라이트, 『예레미야애가』, 77.

2 Renkema, "The Literary Structure of Lamentations (I)," 307.

3 가렛, 하우스, 『아가, 예레미야애가』, 506.

1 슬프다(אֵיכָה) 이 성이여 전에는 사람들이 많더니 이제는 어찌 그리 적막하게 앉았는고 전에는 열국 중에 크던 자가 이제는 과부 같이 되었고 전에는 열방 중에 공주였던 자가 이제는 강제 노동을 하는 자가 되었도다

2 밤에는 슬피 우니 눈물이 뺨에 흐름이여 사랑하던 자들 중에 그에게 위로하는 자가 없고 친구들도 다 배반하여 원수들이 되었도다

3 유다는 환난과 많은 고난 가운데에 사로잡혀 갔도다 그가 열국 가운데에 거주하면서 쉴 곳을 얻지 못함이여 그를 핍박하는 모든 자들이 궁지에서 그를 뒤따라 잡았도다

묵상 및 적용

....

....

....

....

....

....

....

개인 기도

....

....

묵상 도움

현재 애가를 부르고 있는 3인칭 화자가 성읍의 상황을
정확하게 요약합니다. 히브리어 성경의 첫 단어인 '에카'
(איכה)는 애가의 제목이기도 하면서 탄식의 외침입니다. 이
단어는 '슬프다! 아! 어찌하여!' 등으로 번역할 수 있습니다.
슬픔 가운데서 나오는 탄식의 소리입니다.

애가에서 예루살렘은 여성형으로 의인화됩니다. 지금 예
루살렘은 홀로 앉아있습니다. 과거에 그녀의 주변에는 많은
이들이 있었으나, 이제는 아무도 없습니다. 성읍의 사람들은
풍성함을 가지고 있었으나, 이제는 (도움이 필요한) 과부와 같
은 신세가 되었습니다. 이 표현은 호세아의 본문처럼(호 1:9)
남편인 하나님이 아내인 백성들을 떠나기 때문에 과부처럼
되었다는 것을 생각나게 합니다. 그러나 이것은 단순히 외로
움을 표현하는 단어가 아니라 하나님께서 그들을 떠나셨다
는 것을 비유적으로 표현하는 말입니다. 또한 이런 비교 형
식을 띠는 탄식은 장례식에서 사용된 애가의 형식과 유사합
니다.[4]

또한 이스라엘은 많은 민족들 중에 하나가 아니라 그 민
족들 중에서 특별한 대접을 받는 여왕(왕비)이었는데, 이제는

---

4   애가에는 조가의 핵심 요소들이 있다. 첫째, '에카'라는 감탄사. 둘째, 과거
    의 영광과 현재의 수치를 비교하는 대조. 셋째, 조가 형식의 운율이다. 답
    스-알삽, 『예레미야애가』, 112.

강제 노동을 하는 자 즉, 다른 민족들과 다를 바 없는 나라로 전락했습니다. 또한 강제 노동은 출애굽 직전 이스라엘을 생각나게 하는데 그들에게는 자유가 없었던 시기였습니다(출 1:11-14).

당시 문화적 개념이었던 명예와 수치의 관점에서 보면 시온의 딸이 수치를 당하게 된 이유는, 남성 보호자로 비유되는 하나님이 여성으로 비유되는 이스라엘 백성을 보호하지 않았기 때문입니다. 그러므로 애가 1장은 자신의 감정이 폭발한 상태에서의 외침이 아니라, 부끄러움과 수치 속에서 명예를 회복하기 위한 탄원일 수 있습니다. 딸 시온의 명예를 회복시켜 줄 수 있는 것은 여호와뿐입니다.[5]

그런데 지금의 상황에서 할 수 있는 것이라곤 우는 것밖에 없습니다. 2절에서 '밤에는 슬피 우니'라는 표현은 눈물의 강렬함을 의미할 수도 있지만 끈질김을 의미할 수도 있습니다. 지금 시인은 강렬하고 끈질기게 울고 있을 뿐입니다.

---

5   Savarikannu, "Expressions of Honor and Shame in Lamentations 1," 81-94.

적용 도움

고통을 느끼는 이유는 과거와 현재가 다르기 때문일 것입니다. 지금 시인이 애가를 부르는 이유도 마찬가지입니다. 그도 그랬지만 고통의 상황을 지날 때 우리가 유일하게 할 수 있는 것은 우는 것입니다. 힘겨운 고통 때문에 기도가 나오지 않기 때문입니다. 그런데 시인은 그냥 울지 않았습니다. 강렬하고 끈질기게 울었습니다. 왜 그렇게 울었을까요? 그 울음은 하나님을 향한 매달림의 표현이었습니다. 하나님 외에는 이를 해결할 수 없다는 믿음 때문에 끈질기게 울었습니다. 우리도 힘겨운 상황에 기도가 안 나올 수 있습니다. 괜찮습니다. 하지만 끈질기게 매달리며 울었던 시인의 기도만큼은 꼭 기억합시다.

공동 기도

주님, 고통을 겪고 힘은 다 빠져 기도가 나오지 않습니다. 믿음을 외칠 힘도, 원망할 힘도 없어 그냥 울고 있습니다. 때론 눈물도 나지 않을 만큼 허망하고 괴로워 마음만 울고 있을 뿐입니다. 어찌해야 할지 모르겠습니다. 그러나 기억해 주십시오. 어찌할 바를 모르는 상황 속에서 쏟아져 나오는 눈의 눈물과 마음의 눈물은 하나님을 향해 몸부림치고 있습니다. 하나님만이 우리를 도우실 수 있는 유일한 분이시기에 끈질기게 매달립니다. 주님! 도와주십시오!

4 시온의 도로들이 슬퍼함이여 절기를 지키려 나아가는 사람이 없음이로다 모든 성문들이 적막하며 제사장들이 탄식하며 처녀들이 근심하며 시온도 곤고를 받았도다

5 그의 대적들이 머리가 되고 그의 원수들이 형통함은 그의 죄 (פֶּשַׁע)가 많으므로 여호와께서 그를 곤고하게 하셨음이라 어린 자녀들이 대적에게 사로잡혔도다

6 딸 시온의 모든 영광이 떠나감이여 그의 지도자들은 꼴을 찾지 못한 사슴들처럼 뒤쫓는 자 앞에서 힘없이 달아났도다

묵상 및 적용

개인 기도

묵상 도움

'시온'은 예루살렘 성전뿐만 아니라 예루살렘 전체를 의미하기도 하고, 애가의 함축적 의미 안에서 유다를 나타내기도 합니다. 또한 시온은 하나님의 임재를 표현하고 예배의 문맥과 관련 있습니다. 구약성경 당시 하나님의 임재는 성전, 언약궤에 있었기 때문에(왕상 8:10-11) 이 단어가 성전과 언약궤가 있었던 예루살렘과 깊은 연관이 있는 것은 분명합니다. 그런데 본문에서는 시온의 도로가 애통합니다. 그 이유는 절기를 지키러 들어가는 순례자들이 없었기 때문입니다. 시온의 도로는 그들의 삶이 예배에 중심을 두고 살았음을 강조합니다. 왜냐하면 모든 도로는 이스라엘 백성을 예루살렘과 하나님의 성전으로 인도하기 때문입니다. 그런데 문제는 하나님의 임재로 나가는 그 길에 아무도 없다는 것입니다. 그들이 도로를 그렇게 만들면 무엇합니까? 삶을 그렇게 살지 못해서 무의미하고 공허한 길이 되어버렸는데 말입니다. 마음으로만, 형태로만 만드는 것이 아니라 실질적으로 예배 중심의 삶을 살았어야 했습니다.

5절에 처음으로 이스라엘이 짓는 죄에 대한 언급이 등장합니다. '죄'라는 히브리어 '페샤'(פֶּשַׁע)는 예언자들이 자주 쓰던 용어로 이스라엘이 언약에 대해 반역했을 때 주로 사용했으며(호 8:1), 하나님께서 이스라엘에 주신 율법을 의지적으로 불순종하는 것을 가리킬 때 사용했던 단어입니다. 또한 이 단어를 통해 그들의 죄가 일시적으로 일어난 현상이 아닌 오랜 시간 동안 지속되어 온 행동임을 알 수 있습니다. 이 단어는 이스라엘로 하여금 경각심을 일깨워주려는 목적을 갖고 있었습니다.

의인화된 시온/예루살렘과 '딸'이라는 호칭에도 주목해야 합니다. 탄식과 고난의 문맥에서 '딸'은 나라와 도시를 의미하는 경우가 많습니다(사 23:12). 애가에서는 하나님과 이스라엘의 특별한 관계를 보여주기 위한 의도로 의인화된 시온, 예루살렘, 유다를 표현합니다. '딸', '처녀'의 호칭은 독자들로 하여금 시온의 감정을 공감하고 동정하게 만드는 효과가 있습니다. '딸'이라는 표현은 시온의 취약성과 아이들의 죽음과 연대할 만한 단어로 사용되며, 과부인 어머니는 고립된 존재로써 자신의 아이들을 위해 애통하는 아픔을 더욱 부각하기 위해 사용되었습니다. 궁극적으로 취약한 아이들마저도 고통과 죽음 앞에 놓인 비통한 상태이며, 이 사태를 해결하고 싶지만 아무것도 할 수 없는 비참한 상태임을 드러내어 시인의 고통을 강화하고, 독자들의 공감을 이끌어내기 위해 표현한 것입니다. 애가의 이야기는 큰 희생을 겪고 있는 자들의 목소리에 귀를 기울일 것을 요구합니다. 그들은 어린이와 여성들입니다.

적용 도움

1. 예배를 위한 다양한 형식과 형태가 삶의 변화로 이어지고 있는지를 점검해야 합니다.

2. 다양한 어려움과 위기가 밀려올 때, 특별히 취약한 이들이 있습니다. 나의 상황도 어렵지만 더욱 취약한 이들의 상황과 목소리에 귀를 기울여야 함을 잊지 맙시다.

공동 기도

주님, 죄가 만연한 삶에서 우리는 죄를 제대로 떨쳐 버리지 못하고 있습니다. 예배를 드렸다면 모든 것을 다했다는 착각에 빠집니다. 예배가 삶으로 이어지지 못했음에도 아무 문제가 없다고 생각합니다. 그러한 착각 때문에 이스라엘은 멸망을 경험했습니다. 우리에게 이와 같은 어리석음이 계속되지 않도록 도와주소서.

또한 경제적 위기, 기후 위기, 자연 재해 등과 같은 다양한 어려움 속에 더욱 쉽게 노출되는 취약한 이들이 있습니다. 주께서 그들에게 도움의 손길을 주시길 바라며 우리 또한 그들을 향한 관심을 갖게 하시고, 그들의 목소리에 귀 기울이게 하소서.

7 예루살렘이 환난과 유리하는 고통을 당하는 날에 옛날의 모든 즐거움을 기억하였음이여 그의 백성이 대적의 손에 넘어졌으나 그를 돕는 자가 없었고 대적들은 그의 멸망을 비웃는도다

8 예루살렘이 크게 범죄함으로(אטח) 조소거리가 되었으니 전에 그에게 영광을 돌리던 모든 사람이 그의 벗었음을 보고 업신여김이여 그는 탄식하며 물러가는도다

9 그의 더러운 것이 그의 옷깃에 묻어 있으나 그의 나중을 생각하지 아니함이여 그러므로 놀랍도록 낮아져도 그를 위로할 자가 없도다 여호와여 원수가 스스로 큰 체하오니 나의 환난을 감찰하소서(ראה)

묵상 및 적용

....

....

....

....

....

....

....

개인 기도

....

....

....

묵상 도움

그들이 현재 당하고 있는 상황은 그들이 크게 범죄했기 때문입니다. 8절에서 사용된 '범죄하다'라는 히브리어 '하타'(חטא)는 하나님에 대한 불순종을 넘어 인간과 인간관계에서 일어나는 모든 죄를 포함합니다. 그들은 하나님께만 죄를 범했던 것이 아니라 함께 사는 사람들에게도 죄를 지었습니다. 죄에 대한 언급을 통해 애가는 이스라엘로 하여금 스스로 죄를 고백할 것을 권면합니다. 탄원시 장르에 들어가는 애가는 시편과는 다소 차이가 있습니다. 시편의 탄원시는 자신의 현재에 대한 어려움을 토로하고 하나님에 대한 확신으로 결론을 맺지만(시 13편) 애가는 그 사이에 '죄의 고백'이 있습니다. 현재 당하고 있는 고난은 죄 때문이라는 것을 분명하게 알고 있었기 때문입니다. 고백은 곧 다시 살 수 있는 가능성을 열어줍니다.

9절 후반부터 시점이 3인칭에서 1인칭으로 변화됩니다. 그리고 '딸 시온'이 주어가 됩니다. 9절부터 시작되는 1인칭 화자는 자신의 상황을 토로하는 것으로부터 시작합니다. 9절에서 '보다'(감찰하소서)라는 히브리어 '라아'(ראה)는 하나님을 대상으로 한 명령형으로 사용됩니다. 예루살렘은 하나님에게 지금 자신을 보셨으면 좋겠다고 간청하고 있습니다. 왜냐하면 그들의 과거 경험에 의하면 하나님께서 보셨을 때 구원이 임했기 때문입니다(출 2:23-25; 3:7, 9-10). 애가의 시인은 하나님의 보심이 구원을 이루어낼 수 있다는 것을 알았을 것입니다.

버만(J. Berman)은 심리학적인 접근을 통해 애가 1장을 집단적 트라우마를 경험한 주전 6세기 공동체에게 주어지는 재활의 메시지로 설명합니다. 애가 1장은 주전 6세기 위기에 처해 있던 유다를 향한 메시지였습니다. 1장을 통해 주전 6세기 사람들이 경험하던 사건을 재해석하고, 흩어진 공동체의 의미를 재구성해줍니다. 그래서 집단의 기억을 넘어 앞으로 나아갈 길을 알려주고자 했습니다. 3인칭으로 등장하는 화자는 딸 시온을 동정하고 그들이 겪은 고통에 공감하며 신뢰를 쌓습니다. 동시에 비판을 제기합니다. 1인칭의 시온의 딸은 집단 트라우마를 겪은 사람들의 마음을 대변해 줍니다. 3인칭의 저자는 1인칭의 사람들에게 회복을 위해 반드시 거쳐야 할 과정이 필요하다는 것을 조언하는 역할을 합니다. 1인칭은 자신의 상황을 토로하는 것으로 말을 시작하다가 3인칭이 조언해 준 말을 점점 받아들이며 인정하는 과정에 이릅니다. 그래서 3인칭을 목회적 멘토(pastoral mentor)로 칭합니다. 1장을 정리하면서 버만은 집단 트라우마는 세상을 변화시켜서 치유되는 것이 아니라 자신을 변화시켜 치유되는 과정이라고 봅니다.[6]

---

6   Joshua Berman, "The Drama of Spiritual Rehabilitation in Lamentations

적용 도움

1. 이스라엘이 고난을 당하는 상황에는 '죄'라는 명확한 이유가 있었습니다. 그들은 하나님은 물론 이웃에게도 죄를 지었습니다. 애가는 그 죄를 고백하라고 권면합니다. 고백을 통한 용서의 기회는 회복으로 이어질 수 있기 때문입니다.

2. 이스라엘은 하나님의 '보심'을 간절히 원했습니다. 과거의 경험에 따르면 하나님께서 그들을 '보셨을 때' 구원이 임했기 때문입니다.

공동 기도

주님, 부끄럼 없이 나의 모든 죄를 주 앞에 다 고백합니다. 하나님과 이웃과 뭇 피조물들에게 지은 모든 죄를 사하여 주소서. 죄 많고, 부족하고, 연약한 우리 인생이지만 주께서 나의 삶을 보시기를 간청합니다. 주의 보심을 간절히 원합니다. 그래서 이 절망에서 벗어나 구원의 길을 향해 나갈 수 있도록 도와주소서.

1," *JBL* 140, no. 3 (2021): 557–78.

10 대적이 손을 펴서 그의 모든 보물들을 빼앗았나이다 주께서 이미 이방인들을 막아 주의 성회에 들어오지 못하도록 명령하신 그 성소에 그들이 들어간 것을 예루살렘이 보았나이다

11 그 모든 백성이 생명을 이으려고 보물로 먹을 것들을 바꾸었더니 지금도 탄식하며 양식을 구하나이다 나는 비천(לֹלֵי)하오니 여호와여 나를 돌보시옵소서(רְאֵה)

묵상 및 적용

....

....

....

....

....

....

....

....

....

개인 기도

....

....

....

묵상 도움

10절은 이스라엘이 겪고 있는 현 상황을 서술합니다. 이스라엘은 보물도 빼앗겼고, 정말 중요한 장소인 성소에 이방인들이 함부로 들어가는 것을 목격했습니다. 가진 것을 빼앗긴 것도 서러웠겠지만 그들의 신앙의 중심이었던 '성소'가 망가지는 것을 보며 망연자실했을 것입니다. 그렇게 한바탕 소동이 지나고 난 뒤 정신을 차려보니 당장에 먹을 것이 없었습니다. 일단은 먹어야 살 수 있을 테니 그들은 방법을 찾았을 것입니다. 그런데 안타깝게도 땅이 이미 황폐해져 자신들에게 있는 소중한 보물을 팔아야 음식을 구할 수 있었습니다. 그런데 그 마저도 넉넉지 않아 괴로움의 탄식을 이어갔습니다.

11절에서 시인은 자신의 이런 상태를 '비참하다'고 고백합니다. '비천하다'라는 히브리어 '짤랄'(לַל)은 '비천하다'로 가장 많이 번역되어 왔는데 학자들 사이에는 이 단어의 의미가 적절한지에 대한 의문이 있었습니다. 그중 토마스(H. Thomas)는 이 단어를 '생각이 없다'로 번역할 것을 제안했습니다. 그래서 분사형인 이 단어를 동사적 용법으로 '왜냐하면 내가 생각이 없었기 때문입니다' 또는 명사적 용법으로는 '왜냐하면 나는 생각 없는 자이기 때문입니다'로 번역할 것을 제안했습니다. 왜냐하면 이 단어가 신명기 21:20과 잠언 28:7에서 사용되었을 때는 경솔한 행동이나 그렇게 행하는 사람을 의미하기 때문입니다. 애가 1:8에서 업신여김을 당한다는 단어와 11절의 비천하다는 단어의 어근이 같습니다. 그리고 9절에서 나중을 생각하지 않은 현상은 비천하게 된 결과가 됩니다. 그렇기에 생각이 없었다는 의미로 번역하면 생각이 없었기 때문에 범죄하였고, 그것은 나중을 생각하지 않은 행동을 유발하게 되었다는 점과 연결될 수 있습니다.[7]

자신의 이런 비참한 상황을 두고 '보다'라는 히브리어 '라아'(ראה)가 하나님을 향해 명령형으로 사용됩니다. 11절에는 한글 성경에는 번역되진 않았지만, 하나를 더해 '주의 깊고 세심하게 보다'라는 히브리어 '나바트'(נבט)를 사용하여 자신의 간청을 강조하고 있습니다. 예루살렘은 하나님에게 지금 자신을 보셨으면 좋겠다고 간청하고 있습니다. 그들의 과거의 경험에 의하면, 하나님께서 보셨을 때 구원이 임했기 때문입니다(출 2:23-25; 3:7, 9-10). 하나님께서 출애굽을 결정하시는 장면에 다양한 단어들이 등장하지만 지속적으로 반복되는 것은 '보심'입니다. 하나님의 보심은 구원을 이루어낼 수 있다는 것을 애가의 시인은 알았을 것입니다.

---

7   Heath Thomas, "The Meaning of zōlēlâ (Lam 1:11) One More Time,"
    VT 61, no. 3 (2011): 489-98.

적용 도움

이스라엘이 죄에 빠졌던 것은 경솔한 생각과 판단 때문이었습니다. 죄에 민감하지 못하면 언제든 인간은 죄의 늪에 쉽게 빠집니다.

자신의 죄의 문제를 마주했다면 이제 하나님의 도우심을 간청해야 합니다. 시인은 비천하고 생각 없는 자신을 돌봐주시기를 기도했습니다. 우리의 연약함, 우리의 죄, 우리의 상황 등 우리의 모든 문제를 하나님이 보셔야 해결이 시작될 수 있습니다.

공동 기도

주님, 아무런 생각 없이 쉽게 죄를 짓는 무감각한 신앙생활을 벗어나게 하옵소서. 너무 자연스럽게 죄가 가득한 본성을 따라 사는 연약함을 긍휼히 여겨 주옵소서. 비천하고, 생각 없고, 연약한 우리를 주께서 돌보아 주시기를 간구합니다.

죄에 민감하고 정결하게 살기 위한 몸부림이 우리 안에 늘 있도록 도와주소서.

12 지나가는 모든 사람들이여 너희에게는 관계가 없는가 나의 고통과 같은 고통이 있는가 볼지어다 여호와께서 그의 진노하신 날에 나를 괴롭게 하신 것이로다

13 높은 곳에서 나의 골수에 불을 보내어 이기게 하시고 내 발 앞에 그물을 치사 나로 물러가게 하셨음이여 종일토록 나를 피곤하게 하여 황폐하게 하셨도다

14 내 죄악의 멍에를 그의 손으로 묶고 얽어 내 목에 올리사 내 힘을 피곤하게 하셨음이여 내가 감당할 수 없는 자의 손에 주께서 나를 넘기셨도다

15 주께서 내 영토 안 나의 모든 용사들을 없는 것 같이 여기시고 성회를 모아 내 청년들을 부수심이여 처녀 딸 유다를 내 주께서 술틀에 밟으셨도다

16 이로 말미암아 내가 우니 내 눈에 눈물이 물 같이 흘러내림이여 나를 위로하여 내 생명을 회복시켜 줄 자가 멀리 떠났음이로다 원수들이 이기매 내 자녀들이 외롭도다

17 시온이 두 손을 폈으나 그를 위로할 자가 없도다 여호와께서 야곱의 사방에 있는 자들에게 명령하여 야곱의 대적들이 되게 하셨으니 예루살렘은 그들 가운데에 있는 불결한 자가 되었도다

묵상 및 적용

....

....

....

....

....

개인 기도

....

....

묵상 도움

12절로 넘어가면서 인칭의 변화가 일어납니다. 3인칭으로 장
면에 대해 설명하고, 1인칭으로 넘어와 더욱 강한 비탄과 고
통을 느끼게 합니다.[8] 애가는 반복해서 그들이 이런 어려움
을 당하는 이유가 그들의 죄 때문이었다고 말합니다.

또한 본문은 이스라엘의 죄의 결과로 하나님께서 내리신 형
벌은 절대로 피할 수 없는 것이며 지속적으로 다가왔다고 설
명합니다. 불을 보내신 것, 그물을 치신 것, 멍에를 손으로 묶
으신 것 등의 행동은 빠져나갈 곳이 전혀 없음을 의미합니다.

그나마 이스라엘이 믿고 있던 구석은 15절의 '용사들'이었

---

8   Robert B. Salters, "Structure and implication in lamentations 1?," *SJOT*
     14, no. 2 (2000): 298–301.

을 것입니다. 하지만 하나님은 그들을 없는 것처럼 여기시며 심판하셨습니다. 사실상 인간이 최후의 보루로 여기는 모든 것은 하나님 앞에선 바람에 흩날리는 모래와 같이 아무것도 아닙니다. 일찍이 이스라엘은 하나님을 가장 의지하고 믿는 분으로 여겼어야 했는데, 눈에 보이는 '강한 그 무엇'을 희망으로 여겼다는 것 자체가 미련한 일이었습니다.

16절처럼 이런 상황에서 그들이 할 수 있는 것은 우는 것 외에는 아무것도 없었습니다. 고난의 원인도 분명히 알고 있었지만 그들이 해결할 수 없는 문제였습니다. 오로지 하나님만이 해결하실 수 있는데, 그 하나님께서 지금 벌을 내리는 중이시니 그의 주변에 아무도 없는 것 같은 외로움을 느끼는 것은 당연했습니다.

그들은 혹 작은 도움이라도 얻을 수 없을까 싶어 손을 펼치는 것 같습니다. 이 손을 누가 잡아주길 바랐는지도 모릅니다. 이는 고대 세계에서 일반적으로 탄원할 때 나타나는 현상이었습니다(시 143:6).[9] 그들은 그들의 상황과 딱 맞게 행동하고 있습니다. 하지만 누구도 그 손을 잡아주는 이가 없었습니다.

하나님은 측량할 수 없는 자비를 가지신 분이지만, 동시에 공의의 하나님이심을 절대 잊지 말아야 할 것입니다. 공의

---

9 카이저, 『아가, 애가, 에스델, 룻기』, 124.

와 정의의 하나님을 경외하며 사는 것은 죄와 끝까지 싸우며 살아가야 하는 우리에게 반드시 필요한 신앙의 태도입니다.

적용 도움

최후의 심판이 이스라엘에 오기까지 그들의 마음에는 하나의 '믿는 구석'이 있었던 것 같습니다. 그것을 본문에서는 '용사들'이라고 불렀습니다. 무엇과도 비교할 수 없는 하나님 앞에서 아주 작은 것 하나 붙잡고 있다는 것이 얼마나 미련한 일일까요? 그런데 우리도 현실에서 위대하신 하나님을 가장 의지하는 분으로 여기지 않는 경우가 허다합니다.

공동 기도

주님, 우리가 가장 믿을 수 있는 것, 가장 희망을 걸고 있는 것이 세상의 것이 아님을 깨닫게 하옵소서. 오직 하나님만을 의지하며 사는 법을 깨달을 수 있는 은혜를 주옵소서.

18 여호와는 의로우시도다 그러나 내가 그의 명령을 거역하였
도다 너희 모든 백성들아 내 말을 듣고 내 고통을 볼지어다
나의 처녀들과 나의 청년들이 사로잡혀 갔도다

19 내가 내 사랑하는 자들을 불렀으나 그들은 나를 속였으며
나의 제사장들과 장로들은 그들의 목숨을 회복시킬 그들의
양식을 구하다가 성 가운데에서 기절하였도다

20 여호와여 보시옵소서 내가 환난을 당하여 나의 애를 다 태
우고 나의 마음이 상하오니 나의 반역이 심히 큼이니이다
밖에서는 칼이 내 아들을 빼앗아 가고 집 안에서는 죽음
같은 것이 있나이다

21 그들이 내가 탄식하는 것을 들었으나 나를 위로하는 자가 없
으며 나의 모든 원수들은 내가 재난 당하는 것을 듣고 주께
서 이렇게 행하신 것을 기뻐하나이다 그러나 주께서 그 선포
하신 날을 이르게 하셔서 그들이 나와 같이 되게 하소서

22 그들의 모든 악을 주 앞에 가지고 오게 하시고 나의 모든
죄악들로 말미암아 내게 행하신 것 같이 그들에게 행하옵
소서 나의 탄식이 많고 나의 마음이 병들었나이다

묵상 및 적용

....

....

....

....

....

....

....

개인 기도

묵상 도움

시인은 1장 마지막 부분에서 드디어 여호와를 향해 기도하기 시작합니다. 18절에서 시인은 하나님과 자신을 비교하는 기도로 시작하여 처음으로 회개 기도를 드립니다. 이 비교에 관한 내용은 분명히 어떤 상황에서 주어진 명령에 불순종한 것을 가리킬 것입니다. 아마도 그것은 출애굽 이후 광야에 있었던 이스라엘의 불평과 반역을 암시하는 내용일 것입니다. 또한 하나님께서 보내신 예언자들의 말에 불순종했음을 나타내는 말일 것입니다.[10] 아니면 이 둘을 포함하여 출애굽 이후부터 현재까지 오랜 기간 동안 하나님의 말씀에 순종하지 않았던 이스라엘을 나타낼 수도 있습니다. 하나님께서는 수백 년에 걸쳐 예언자들을 보내셔서 하나님께로 돌아

---

10 가렛, 하우스, 『아가, 예레미야애가』, 536.

올 수 있는 여러 기회를 주셨지만, 이스라엘은 한 번도 그 기회를 잡지 않았습니다. 만약 이 불순종이 출애굽도 연상케 하고 예언자들을 통해 주어진 말씀 또한 연상케 한다면, 그들의 죄는 이미 출애굽 때부터 현재까지 변하지 않고 행해오던 죄라고 밖에 볼 수 없습니다.[11] 어쩜 이리도 그들은 변하지 않았을까요? 예언자들의 시대만해도 수백 년인데 출애굽 때부터라고 한다면 하나님은 얼마나 오랜 시간을 기다리셨던 걸까요? 수백 년의 시간 동안 하나님께서 지금과 같은 심판을 주신 적은 없다 해도 이스라엘의 삶과 행동이 잘못된 길을 향해 가고 있다는 여러 사인들이 있었을 것입니다. 하지만 이스라엘이 얼마나 무지했고 또한 얼마나 하나님의 말씀을 무시했던지, 그들의 삶은 전혀 바뀌지 않았습니다. 상상할 수 없는 심판을 경험한 지금에서야 겨우 돌이켜야겠다는 생각을 한 것 같습니다. 하지만 너무 늦지 않았을까요?

자신들의 죄가 무엇인지도 깨달았고 이제 하나님을 향하여 얼굴을 돌려 무엇이라도 해야겠다는 생각을 하고 있다면 그들이 할 수 있는 최선의 행동은 무엇일까요? 무엇하나 바뀐다고 상황이 바뀔 수 있을까 의심도 할 수 있는 지금 이 순간에 그들이 할 수 있는 유일한 행동은 딱 하나였습니다. 이스라엘은 20절에서 이미 앞선 9, 11절에서처럼 하나님께

---

11   라이트, 『예레미야애가』, 98.

서 자신의 상황을 '보시기를' 간절히 원하고 있습니다. '여호와여 보시옵소서!' 이 한 마디 외침에는 시인의 모든 감정이 녹아 있습니다. 회개, 한탄, 탄원, 간청, 간구 등 모든 감정을 모으고 모아 외쳤던 호소였습니다. 1장에서 세 번이나 반복하며 그가 하나님께서 보시기를 원하는 이유는 단 하나입니다. 하나님이 보셔야 회복될 수 있기 때문입니다.

적용 도움

우리에게 말씀하시는 하나님의 메시지가 있는데 오랫동안 미련하게(일부러) 듣지 않으려고 했던 모습은 없었는지 되돌아봅시다. 어떤 면에서 그 메시지는 우리를 향한 하나님의 기다림일 수 있습니다.

공동 기도

주님, 신앙이 무뎌지고, 세상에 모든 관심이 쏠려 있어 하나님의 말씀을 듣지 못하는 모습이 우리에게는 없는지 돌아봅니다. 우리의 마음이 늘 하나님을 향해있어 주의 말씀을 들을 수 있도록 은혜를 주옵소서.

애가
2장

1장을 이해하기 위해 앞서 몇 가지 단어와 문구를 언급했었
습니다. 2장에서도 같은 방식으로 생각해 볼 수 있는 단어가
등장합니다.

1. '주님'(2:1, 2, 5, 7, 18, 19, 20): 같은 의미로 '여호와'를 보
   아야 합니다(2:6, 7, 8, 17, 20, 22). 6절은 주님이라는 단
   어가 원문에는 없지만, 한글 성경은 포함하고 있습니
   다. 그리고 여호와라는 호칭이 등장합니다. 시인은 자
   신과 공동체가 당하고 있는 고난이 하나님으로부터 온
   것임을 알고 있습니다. 그리고 그렇게 된 이유가 자신의
   죄 때문이라는 것도 알고 있습니다. 무엇보다 고난을
   주신 분이 하나님이시라면, 해결하실 수 있는 분 역시
   하나님이라는 사실이 2장에서도 동일하게 등장합니다.
2. '모든'(2:2, 3, 4, 5, 15[*2], 16, 19): 총체적으로 고통을 경
   험하고 있는 상황이 표현됩니다.[1]

---

1   헤티 랄레만, 『예레미야·예레미야애가』, 틴데일 구약주석 시리즈 21, 유창
걸 역 (서울: 기독교문서선교회, 2017[Hetty Lalleman, *Jeremiah and
Lamentations*, TOTC, London: Inter-Varsity Press, 2013]), 532.

1장과 상당히 유사함을 가지고 있는 2장은 인클루지오²의 형식으로 내용을 더욱 강화하고 있습니다.³

"슬프다 주께서 어찌 그리 진노하사 딸 시온을 구름으로 덮으셨는가 이스라엘의 아름다움을 하늘에서 땅에 던지셨음이여 그의 진노의 날에(בְּיוֹם אַפּוֹ) 그의 발판을 기억하지 아니하셨도다"(애 2:1)

"주께서 내 두려운 일들을 사방에서 부르시기를 절기 때 무리를 부름 같이 하셨나이다 여호와께서 진노하시는 날에는(אַף־יְהוָה בְּיוֹם) 피하거나 남은 자가 없나이다 내가 낳아 기르는 아이들을 내 원수가 다 멸하였나이다"(애 2:22)

---

2 문단의 시작과 끝에 같은 단어나 어휘를 사용해 단락의 주제를 강조하는 문학적 기법. 2장에서는 '진노의 날'이 문단의 시작과 끝에 반복

3 답스-알삽, 『예레미야애가』, 149.

> 1 슬프다 주께서 어찌 그리 진노하사 딸 시온을 구름으로 덮으
> 셨는가 이스라엘의 아름다움을 하늘에서 땅에 던지셨음이
> 여 그의 진노의 날에 그의 발판을 기억하지 아니하셨도다

묵상 및 적용

개인 기도

묵상 도움

애가 2장은 1장과 같이 '아! 슬프다, 어찌하여'로 시작하며 심판에 따른 이스라엘의 상황을 지속적으로 묘사합니다. 의인화된 '딸 시온'은 하나님과 이스라엘의 특별한 관계를 의미하는 친밀감의 표현입니다.[4] 또한 의인화된 '딸 시온'은 은유적 여성, 물리적 도시, 공동체 모두를 연결하는 의미를 내포하고 있습니다. 그래서 이 의미에 내포된 모든 이들이 고통을 느끼고 있다는 것을 생각하게 합니다.[5]

시인은 하나님께서 그 딸 시온을 구름으로 덮으셨다고 말합니다. '구름으로 덮으셨다'를 직역하면 '그의 분노로 어둡게 하셨다'입니다. 하나님은 왜 이런 행동을 하셨을까요? 애가에 나타나는 몇몇 표현은 과거에 하나님의 구원의 상징이었던 것이 이제는 심판의 상징이 되었음을 보여줍니다. 예를 들어 구름의 이미지는 출애굽과 대조됩니다. 출애굽에서 구름은 이스라엘 백성을 인도하는 구름이었지만(출 13:21-22), 애가의 구름은 하나님의 진노를 상징합니다.[6] 이제 구름이 그들에게 구원을 줄 수 없다는 것을 인식하게 하는 것입니다.

---

4 롱맨 3세, 『예레미야·예레미야애가』, 512; 카이저, 『아가, 애가, 에스델, 룻기』, 140.

5 Elizabeth Boase, "Grounded in the Body: A Bakhtinian Reading of Lamentations 2 from Another Perspective," *BibInt* 22, no. 3 (2014): 292-306.

6 라이트, 『예레미야애가』, 112.

다른 한편으로 하나님이 사람들로부터 자신을 보호하기 위해 구름을 덮었다고도 해석할 수 있습니다. 그 이유는 혹시나 사람들의 기도를 통해 하나님께서 그들에게 내리시는 벌을 거두어들이실지도 모르기 때문입니다. 그래서 도움을 구하는 사람들의 기도를 구름으로 막고 계신 하나님께서 그들에게 계속 진노를 내리시는 중임을 의미할 수 있습니다.[7]

마지막으로 정말 중요한 내용은 더 이상 하나님은 '발판'을 기억하지 않으신다는 것입니다. 이스라엘에서는 언약궤가 여호와의 발등상으로 여겨졌고 하나님의 임재를 상징했습니다. 그리고 그 의미는 예루살렘 성전과 도시로 확장되었습니다(시 99:5).[8] 그러므로 발등상을 기억하지 않으신다는 말은 더 이상 임재하지 않으시겠다는 말입니다.

---

7   Robert Williamson, "Taking Root in the Rubble: Trauma and Moral Subjectivity in the Book of Lamentations," *JSOT* 40, no. 1 (2015): 19.

8   가렛, 하우스, 『아가, 예레미야애가』, 559; 답스-알삽, 『예레미야애가』, 154; R. B. Salters, *Lamentations*, ICC (London; New York: T&T Clark, 2010), 115; Renkema, *Lamentations*, 219-20.

적용 도움

하나님의 임재가 없다면 모든 피조 세계는 신음하며 고통을 느낄 수밖에 없습니다. 피조세계는 주님과 서로에게 모두 연결되어 있기 때문입니다. 그래서 이스라엘의 죄로 인해 그들을 포함한 땅, 공동체 등이 모두 고통을 겪게 되었습니다. 지금도 마찬가지입니다. 인간의 죄는 아무것도 아닌 것 같지만 뭇 피조물들에게 고통을 주는 결과를 초래할지도 모릅니다. 하나님의 임재가 지속될 수 있도록 인간은 끊임없이 죄에서 떠나야 합니다.

공동 기도

주님, 오늘날 우리들의 죄가 다른 피조물들에게도 고통을 주고 있지 않은지 돌아보게 하옵소서. 철저히 우리의 죄를 회개하며 주 앞에 나아가게 하소서. 우리들에게는 하나님의 임재가 필요합니다. 우리를 멀리하지 마옵소서.

2 주께서 야곱의 모든 거처들을 삼키시고 긍휼히 여기지 아니
하셨음이여 노하사 딸 유다의 견고한 성채들을 허물어 땅에
엎으시고 나라와 그 지도자들을 욕되게 하셨도다
3 맹렬한 진노로 이스라엘의 모든 뿔을 자르셨음이여 원수 앞
에서 그의 오른손을 뒤로 거두어 들이시고 맹렬한 불이 사방
으로 불사름 같이 야곱을 불사르셨도다
4 원수 같이 그의 활을 당기고 대적처럼 그의 오른손을 들고
서서 눈에 드는 아름다운 모든 사람을 죽이셨음이여 딸 시
온의 장막에 그의 노를 불처럼 쏟으셨도다
5 주께서 원수 같이 되어 이스라엘을 삼키셨음이여 그 모든 궁
궐들을 삼키셨고 견고한 성들을 무너뜨리사 딸 유다에 근심
과 애통을 더하셨도다

묵상 및 적용

....

....

....

....

....

....

....

....

....

....

개인 기도

....

....

....

묵상 도움

하나님께서는 이제 더 이상 긍휼을 베풀지 않으십니다. 이는 그들에게 더 이상의 경고가 주어지지 않는다는 의미입니다.[9] 하나님께서 이렇게까지 고통을 주셨어야만 했는가에 대해 많은 질문을 할 수 있습니다. 미리 경고만 해주셨어도 이런 상황까진 오지 않았을 것이라고 항변할 수도 있습니다. 그런데 하나님은 그들을 아끼셔서 이미 여러 사신들을 보내셨습니다. 하지만 이스라엘은 그 사신들을 비웃고, 그들이 전하는 메시지를 멸시했습니다(대하 36:15-16). 하나님은 분명 그들에게 긍휼을 베풀기 원하셨습니다. 하나님의 긍휼을 얻기 위해 이스라엘은 반드시 진정으로 회개했어야 했습니다. 그렇지 않으면 '그날'이 오게 될 것이라고 예언자들이 수차례나 선포했습니다. 그러나 이스라엘은 듣지 않았고, 결국 그날이 왔습니다. 그 사실을 너무 잘 알고 있는 시인은 자신들이 '무죄' 하다고 말하지 않습니다.[10] 이스라엘은 완전히 영적인 감각이

---

9   가렛, 하우스, 『아가, 예레미야애가』, 560.

10   라이트, 『예레미야애가』, 109-11.

사라진 상태였습니다.

하나님의 은혜의 상징이었던 것이 심판의 상징으로 바뀐 예는 3절에도 나타납니다. 하나님은 그의 오른손을 뒤로 거두어 들이셨습니다. 하나님의 오른손은 하나님의 구원을 상징합니다(출 15:6). 그런데 하나님께서 그 구원의 상징을 뒤로도 거두어 들이셨습니다. 불 또한 구름과 같이 하나님의 임재를 상징합니다. 출애굽 하는 이스라엘에게 불 기둥은 구름기둥과 함께 인도하시는 하나님을 상징했습니다(출 13:21-22). 하나님의 구원과 보호의 상징이었던 '오른손'을 거두어 들이셨다면 이제 이스라엘을 보호해 줄 수 있는 것은 아무것도 없습니다.[11] 하나님의 보호의 상징이었던 불도 이제는 심판의 도구로 나타납니다.[12]

이 모든 일은 영적으로 완전히 무감각해진 이스라엘이 맞이해야 할 운명이었습니다.

---

11   Salters, *Lamentations*, 120; Renkema, *Lamentations*, 227.

12   라반(A. Labahn)은 2장 1-9절에 나타난 하나님의 심판의 도구인 '불'에 관해 연구했다. 하나님의 심판의 도구로 나타난 불은 유다 백성이 살고 있는 물리적, 사회경제적, 정치적, 제의적 영역 전체를 태워버린다. 하늘에서 내려온 불은 하나님의 손을 떠나 마음껏 활동하는 것 같지만 하나님의 진노의 계획에 의해서 움직인다고 설명한다. Antje Labahn, "Fire from Above: Metaphors and Images of God's Actions in Lamentations 2.1-9," *JSOT* 31, no. 2 (2006): 239-256.

적용 도움

하나님께서 여러 방법으로 우리에게 말씀하셔도 우리가 듣지 못할 수 있습니다. 그 원인에는 신앙의 무뎌짐과 무감각함이 있습니다. 하나님을 향한 민감한 신앙의 모습이 없다면 누구든 이 상황에 빠져들 수 있습니다.

그렇기에 우리는 경건 생활에 늘 힘써야 합니다. 당연하겠지만 예배, 기도, 말씀 등은 우리의 영적 민감함을 지킬 수 있는 가장 기본적인 신앙인의 생활이어야 합니다.

공동 기도

주님, 주님을 향한 영적인 감각이 늘 깨어있길 소망합니다. 예배 생활에 힘써 하나님의 임재를 느끼게 하옵소서. 기도 생활에 힘써 늘 하나님과 대화하는 법을 잊어버리지 않게 하옵소서. 말씀 생활에 힘써 오늘날 우리에게 주시는 하나님의 인도하심에 귀 기울이게 하옵소서. 그래서 다양한 방법으로 우리에게 말씀하시는 주의 음성을 듣게 하옵소서. 우리를 향한 하나님의 사랑을 느끼게 하옵소서.

6 주께서 그의 초막을 동산처럼 헐어 버리시며 그의 절기를 폐하셨도다 여호와께서 시온에서 절기와 안식일을 잊어버리게 하시며 그가 진노하사 왕과 제사장을 멸시하셨도다

7 여호와께서 또 자기 제단을 버리시며 자기 성소를 미워하시며 궁전의 성벽들을 원수의 손에 넘기셨으매 그들이 여호와의 전에서 떠들기를 절기의 날과 같이 하였도다

8 여호와께서 딸 시온의 성벽을 헐기로 결심하시고 줄을 띠고 무너뜨리는 일에서 손을 거두지 아니하사 성벽과 성곽으로 통곡하게 하셨으매 그들이 함께 쇠하였도다

9 성문이 땅에 묻히며 빗장이 부서져 파괴되고 왕과 지도자들이 율법 없는 이방인들 가운데에 있으며 그 성의 선지자들은 여호와의 묵시를 받지 못하는도다

10 딸 시온의 장로들이 땅에 앉아 잠잠하고 티끌을 머리에 덮어쓰고 굵은 베를 허리에 둘렀음이여 예루살렘 처녀들은 머리를 땅에 숙였도다

묵상 및 적용

....

....

....

....

....

....

....

....

개인 기도

묵상 도움

시인은 하나님께서 심판을 통해 행하신 일이 무엇인지를 구체적으로 설명합니다. 6절의 초막과 절기는 하나님의 임재가 있는 곳이자, 하나님과 교제할 수 있는 통로였습니다. 하지만 그것을 헐어 버리시고 폐하셨습니다. 왕과 제사장은 사람들 중에 있었기 때문에, 백성들은 이들을 하나님의 약속의 상징으로 여겼습니다. 하지만 그런 그들도 하나님의 진노로 인해 멸시를 당했습니다. 이 모든 것들은 이스라엘이 하나님을 향하여 돌이켰을 때 그나마 붙들 수 있는 희망의 끈이었습니다. 하나님께 다가갈 수 있는 모든 것이 무너졌습니다. 하나님께 직접 묻고 싶었는데 절기와 안식일, 초막, 제단, 성소 등이 사라졌습니다. 그렇다면 중재해 줄 수 있을지 모르는 왕과 제사장에게 가야 했지만 그들도 이미 하나님께 멸시를 당한 상황입니다. 왜 이런 일이 생겼는지 묻고 또 묻습니다. 무엇을 할 수 있을지 또 고민합니다.

9절을 보니 왕과 지도자들은 율법이 없는, 즉 하나님의 말씀이 없는 사람들과 함께 있습니다.[13] 여기에서 율법으로 번역된 히브리어 '토라'(תּוֹרָה)는 율법이나 오경을 의미하기 보다는 여호와와의 관계에서 발생하는 실질적인 문제들에 대한 예언자들의 메시지를 의미합니다.[14] 왕과 지도자들이 선지자들의 메시지를 들을 수가 없으니 하나님의 말씀을 알 턱이 없습니다. 그런데 문제는 선지자들에게도 있었습니다. 선지자들이 하나님으로부터 '묵시'를 받지 못하거나[15] 묵시가 있어도 인식하지 못하는 상태라 사람들에게 전해 줄 하나님의 말씀이 없었습니다. 나라의 지도자들이라고 하는 왕과 제사장들이 이렇게 된 이유는 하나뿐입니다. 그들은 우상을 숭배했고(렘 2:26-28; 8:1-3; 19:1-15) 부당한 이익을 추구했습니다(렘 6:13; 8:10). 그렇기에 말씀을 듣고 백성들에게 하나님의 말씀을 나눠야 할 장로들이 잠잠할 수밖에 없었습니다. 그들이 유일하게 할 수 있는 것은 '애곡'하는 일이었습니다.

티끌을 머리에 쓰고 굵은 베옷을 입은 것은 애곡할 때의 모습입니다. 그러니 그 땅의 처녀들도 머리를 땅에 숙일 수밖에 없었습니다. 모든 이들이 함께 모여 애곡할 뿐입니다.

---

13 가렛, 하우스, 『아가, 예레미야애가』, 571.

14 Salters, *Lamentations*, 141-2.

15 Renkema, *Lamentations*, 260.

적용 도움

이스라엘은 하나님의 말씀을 듣지 못함이 진정한 종말임을 깨닫지 못했습니다. 마지막 순간까지도 그들은 부당한 이익을 취하는 데만 바빴습니다. 그러는 동안 하나님과 연결될 수 있었던 희망의 끈은 모두 끊어졌습니다. 우리의 관심이 과연 하나님의 말씀을 자주 듣는 것에 있는지 되돌아봐야만 합니다.

공동 기도

주님, 요즘 우리가 무엇에 빠져 사는지 되돌아봅니다. 하나님의 말씀을 듣는 것에 얼마나 초점이 맞춰져 있는지 생각해 봅니다. 하나님의 말씀이 없는 것이 진정한 종말임을 분명히 깨닫게 하옵소서. 매일 하나님의 말씀에 집중하며 살 수 있는 은혜를 허락하소서.

10일

애 2:11-13

11 내 눈이 눈물에 상하며 내 창자가 끊어지며 내 간이 땅에 쏟아졌으니 이는 딸 내 백성이 패망하여 어린 자녀와 젖 먹는 아이들이 성읍 길거리에 기절함이로다

12 그들이 성읍 길거리에서 상한 자처럼 기절하여 그의 어머니들의 품에서 혼이 떠날 때에 어머니들에게 이르기를 곡식과 포도주가 어디 있느냐 하도다

13 딸 예루살렘이여 내가 무엇(מָה)으로 네게 증거하며 무엇(מָה)으로 네게 비유할까 처녀 딸 시온이여 내가 무엇(מָה)으로 네게 비교하여 너를 위로할까 너의 파괴됨이 바다 같이 크니 누가 너를 고쳐 줄소냐

묵상 및 적용

개인 기도

묵상 도움

이제 애가의 내용은 예루살렘을 향하여 얼마나 애타는 마음을 가지고 있는지를 보여줍니다. 11-12절에서 그런 애타는 마음을 강렬하게 표현하고 있습니다. 시인의 눈이 눈물 때문에 상했고, 그의 창자가 끊어졌고, 간이 쏟아졌다고 표현합니다. 이 단어 중 특별히 끊어졌다는 의미의 히브리어 '하마르'(חמר)는 일정한 온도에 올라 액체가 '부글거리는 현상', 즉 '끓는 현상'을 의미합니다. 1:20에도 등장했던 이 단어가 다시 등장한 이유는 그만큼 시인이 공동체의 고통을 공유하고 있음을 의미합니다. 지금의 이런 고통의 원인에 시인의 죄가 있지는 않을 것입니다. 그가 보거나 경험하고 있는 고통이 그에게 있는 문제 때문 또한 아닐 것입니다. 하지만 그는 처절하리만큼 공동체가 당하는 고통을 함께 느끼고 있습니다.[16] 시인은 자기가 겪고 있는 상황을 남일처럼 여기지 않았습니다. 자신이 이 문제와 아무런 상관이 없다고 해서 무관심하지 않았습니다. 자신이 이 일의 원인 제공자가 아니라고 해서 외면하지도 않았습니다.

시인은 어린아이들이 기진맥진하여 먹을 것을 찾고 있는 현상을 보며 할 말을 잃었을 것입니다. 자신이 느끼는 이 고통을 어떻게 표현해야 할지 답답해하며 가슴을 치고 있었을

---

16   가렛, 하우스, 『아가, 예레미야애가』, 574.

것입니다. 그래서 시인은 13절에서 '무엇으로'라는 의미의 히브리어 '마'(מָה)를 세 번이나 반복합니다. 무엇으로 이 고통을 표현할 수 있을지, 무엇으로 위로할 수 있을지, 무엇을 도울수 있을지… 그러다 결국 그가 할 수 있는 것이 아무것도 없음을 알고 더 처절하게 울었을 것입니다. 도와줄 수 있는 것이 없음으로 인해 더한 애통을 보여줍니다.

하지만 이스라엘은 어쩌면 시인과 같은 이를 기다리고 있진 않았을까요? 지금의 고통을 해결하고 당장의 먹을 것을 해결해 줄 사람이 있다면 가장 좋겠지만, 그것은 하나님만이 하실 수 있다는 것을 그들은 잘 알았을 것입니다. 그렇다면 지금 그들에게 필요한 이는 그저 그들 옆에 함께 있어줄 이가 아니었을까요? 특별한 위로의 말, 도움의 행동 등이 없어도 함께 울어줄 이, 손을 잡아줄 수 있는 누군가를 기다리지 않았을까요? 왜냐하면 이 공동체는 하나님으로부터 버림받았다는 극심한 외로움에 처해 있고, 주변의 모든 이들이 아무도 그들에게 관심을 갖지 않았기 때문입니다.

적용 도움

시인은 이스라엘의 고통을 공유하고 그들을 보며 울고 있습니다. 지금의 이 고난이 시인의 죄 때문이 아님에도 불구하고 말입니다. 어쩌면 우리 주변에도 극심한 외로움에 사로잡혀 기절해 있는 것만 같은 이들이 있을 것입니다. 그들의 잘못으로 인해 합당한 벌을 받는 과정도 필요하겠지만, 그 과정을 넘어 바른 길을 걸어갈 수 있도록 일으켜 줄 수 있는 손길도 필요하지 않을까요?

공동 기도

주님, 나와 아무 상관없는 다른 이들의 고통을 외면하고, 오로지 나만 생각하며 사는 우리의 마음을 새롭게 하여 주소서. 하나님이 보여주신, 만나게 하신 이들에게 우리의 마음을 나눌 수 있도록 도와주소서. 위로가 필요한 이들에게 우리를 통해 하나님의 위로가 전해질 수 있도록 우리를 사용해 주소서.

14 네 선지자들이 네게 대하여 헛되고 어리석은 묵시를 보았
으므로 네 죄악을 드러내어서 네가 사로잡힌 것을 돌이키
지 못하였도다 그들이 거짓 경고와 미혹하게 할 것만 보았
도다

15 모든 지나가는 자들이 다 너를 향하여 박수치며 딸 예루살
렘을 향하여 비웃고 머리를 흔들며 말하기를 온전한 영광
이라, 모든 세상 사람들의 기쁨이라 일컫던 성이 이 성이냐
하며

16 네 모든 원수들은 너를 향하여 그들의 입을 벌리며 비웃고
이를 갈며 말하기를 우리가 그를 삼켰도다 우리가 바라던
날이 과연 이 날이라 우리가 얻기도 하고 보기도 하였다 하
도다

17 여호와께서 이미 정하신 일을 행하시고 옛날에 명령하신
말씀을 다 이루셨음이여 궁휼히 여기지 아니하시고 무너뜨
리사 원수가 너로 말미암아 즐거워하게 하며 네 대적자들의
뿔로 높이 들리게 하셨도다

묵상 및 적용

....

....

....

....

....

....

....

....

개인 기도

묵상 도움

이스라엘에 형벌이 내린 것은 앞서 언급했던 여러 죄들이 문제였던 것이 분명합니다. 하지만 14절에 의하면 선지자들 때문이라는 이유가 하나 더 추가됩니다. 여기에서 말하는 선지자들은 하나님의 부름을 받은 사람들일 수 있으나, 실은 그렇지 않을 가능성이 더 큽니다. 왜냐하면 당시에 '직업으로서의 선지자 그룹'이 있었기 때문입니다. 이는 궁중에서 주는 돈을 받으며 왕을 위해 좋은 일만을 예언했던 거짓 선지자들을 가리키는 말입니다. 그들은 왕이 좋아하는 말만 했고 왕을 위해 예언했습니다. 그들은 묵시를 보고 하나님의 뜻을 전한다고 말하지만 실상은 '헛되고 어리석은 묵시'를 본 것뿐입니다. 그들은 거짓 선지자들이었습니다.

그럼 이들을 하나님으로부터 부름 받은 선지자들로 전혀 볼 수는 없을까요? 물론 불가능한 것은 아닙니다. 하지만 그렇다고 이들을 선지자로 본다면 이는 더 큰 잘못을 저지르고 있는 것일지도 모릅니다. 어떤 선지자들로 보든 간에 이들은 그 당시 선지자가 마땅히 해야 할 일을 하지 않았습니다. 진정한 선지자들이었다면 이스라엘의 죄를 드러냈어야 합니다. 그래서 이스라엘이 자신이 지은 죄를 깨닫고, 하나님 앞에 회개하고, 하나님을 향하여 돌이키게 했어야 합니다! 그러나 안타깝게도 그들은 그렇게 하지 않았습니다. 왜냐하면 거짓 경고와 미혹하게 할 것만을 보았기 때문입니다. 왜 이와 같은 상황이 벌어졌을까요? 왕에게 싫은 말을 할 수 없었기 때문일까요? 자신의 사명을 망각했기 때문일까요? 당시 상황을 생각해 볼 수 있는 내용이 예레미야에 있습니다. 이스라엘이 심판을 받기 전 예레미야는 이미 그들의 행위를 날카롭게 비판한 적이 있습니다(렘 6:13-14). 당시에는 선지자와 제사장까지도 자기 잇속만을 채우고 사기를 쳐서 재산을 모았습니다. 도리어 피해를 당한 백성들이 상처를 입어 고통스러워하고 있는데 그들을 향하여 '괜찮다! 괜찮다!'라고 외쳤던 이들이 선지자와 제사장들이었습니다. 예레미야는 그들을 향해 '무엇이 괜찮은가?'라고 강하게 비난했습니다. 그렇습니다. 당시 선지자들은 자기 욕심을 챙기는 것 외에는 아무런 관심이 없었습니다.

그나마 올바르게 살아갈 수 있는 모든 통로가 막혀 원수나 지나가는 자 누구나 이스라엘을 보며 그저 조롱하고 있을 뿐입니다. 그들이 자랑하고 내세웠던 그 어떤 것도 지금은 남아 있는 것이 없습니다.

적용 도움

진정한 하나님의 말씀은 우리의 삶을 하나님께로 돌이키게 합니다. 말씀의 홍수 속에 살고 있다고 하지만 그 말씀을 통해 우리는 얼마나 자주 우리의 삶과 신앙을 점검하며 진정으로 하나님을 향하고 있는지 살펴봐야 합니다.

공동 기도

주님, 주의 말씀을 들을 수 있는 귀와 마음을 열어주소서. 우리의 잇속만 챙기기에 급급하여 하나님의 말씀을 듣지 못하는 어리석은 자들이 되지 않게 하소서. 하나님의 말씀을 통해 잘못된 방향으로 걷고 있던 발걸음을 돌이켜 날마다 하나님을 향한 올바른 길을 걷게 하소서.

18 그들의 마음이 주를 향하여 부르짖기를(צעק) 딸 시온의 성
벽아 너는 밤낮으로 눈물을 강(נחל)처럼 흘릴지어다(ירד) 스
스로 쉬지(פוג) 말고 네 눈동자를 쉬게 하지(דמם) 말지어다

묵상 및 적용

....

....

....

....

....

....

....

....

....

....

....

....

개인 기도

....

....

....

묵상 도움

이 본문에는 중요한 네 개의 동사가 나옵니다. 첫 번째 동사 '부르짖다'(짜아크, צעק)는 출애굽기에서 백성들이 고통과 환난 가운데 소리쳤던 그 외침입니다. 하나님께서는 그 외침을 들으셨습니다(출 3:7). 이 부르짖음은 대상이 있는 부르짖음이 아닙니다. 흔히 생각하는 기도의 모습이 아닙니다. 그런데 하나님은 그런 그들의 외치는 소리를 들어주셨습니다. 물론 이 단어는 우리가 생각하는 기도의 모습과 같은 상황일 때도 쓰였습니다(출 14:15). 그러나 중요한 것은 이 단어가 쓰일 때마다 믿음과 소망으로 인한 기도가 아닌, 급박한 도움을 구하는 외침이나 통곡 소리, 힘들다고 외치는 소리 등에 쓰였다는 사실입니다.[17] 많은 본문들에서 자신이 겪고 있는 고통과 아픔 그리고 슬픔 등의 이유로 소리지르는 행동을 표현하는 경우가 대다수입니다. 그런데 이 본문에서의 외침은 '주께' 향하고 있다는 사실에 주목해야 합니다. 출애굽기에서 본 것처럼 대상이 없는 그들의 외침을 하나님은 들으셨습니다. 흔히 생각하는 기도의 모습이 아님에도 그들의 아픔을 돌아보셨습니다. 그런데 주님을 향한 그들의 외침을 하나님이 무시하실까요?

---

17   롱맨은 이 부르짖음이 회개를 가리키는 관용적 표현이라고 본다. 롱맨 3세, 『예레미야·예레미야애가』, 522.

두 번째 동사는 밤낮으로 눈물을 강처럼 흘리라는 것(야라드, ירד)입니다. '강'(나할, נחל)은 잔잔한 강도 될 수도 있지만 '급류'로도 번역할 수 있기에 긴급하고도 강력한 의미를 내포합니다.[18] 본문에서는 이 의미가 훨씬 설득력 있습니다. 왜냐하면 지금 마음 놓고 편하게 있을 수 있는 상황이 아니기 때문입니다.

세 번째 동사는 스스로 쉬지(나탄, נתן) 말라는 것입니다. 이 문장을 직역하면 '너를 위한 느슨해짐을 주지 말아라!'입니다. 즉, 힘들고 어려울 때, 고난이 있을 때 무감각해지지 말라는 것입니다. 그럼 무엇을 해야 합니까? 외치고 눈물을 흘리라는 것입니다.

네 번째 동사는 눈동자를 쉬게 하지(다맘, דמם) 말라는 것입니다. 이 단어는 '잠잠함', '멈춤'과 관련이 있습니다. 이 단어는 앞서 나온 문장을 강화하기 위해 등장했습니다.

이 구절은 고난을 당하는 이들이 할 수 있는 행동이자, 고난으로부터 일어날 수 있는 해결방법을 제시해 주는 것 같습니다.

---

18 가렛, 하우스, 『아가, 예레미야애가』, 584.

적용 도움

고난을 이겨내고 고난으로부터 벗어나고 싶다면 우리는 소리 쳐야 합니다. 이 소리는 반드시 내야 하는 소리는 아닙니다. 하지만 우리의 고통을 표현할 필요가 있습니다. 마음을 놓지 말고, 느슨하게 하지 말고, 잠잠하지 말고 소리쳐야 합니다. 우리의 작은 신음도 외면하지 않으시는 하나님이 우리의 외침을 들으실 것입니다. 비록 죄가 우리 앞에 놓여 있어도 그게 끝이 아닙니다. 죄의 문제를 해결하고 다시금 일어설 수 있도록 도울 수 있는 유일한 분이신 하나님께로 향합시다.

공동 기도

주님, 이렇게 주저앉아 있고 싶지 않습니다. 때로는 소리 내는 것조차 힘겨운 시기를 지나고 있지만 가슴 한편에서 하나님을 향해 외치고 있습니다. 도와주십시오! 다시금 일어설 수 있도록 힘을 주십시오!

19 초저녁에 일어나(קום) 부르짖을지어다(רנן) 네 마음(לב)을
주의 얼굴 앞에 물 쏟듯(שפך) 할지어다 각 길 어귀에서 주려
기진한 네 어린 자녀들의 생명을 위하여 주를 향하여 손을
들지어다(נשא) 하였도다

묵상 및 적용

....

....

....

....

....

....

....

....

....

....

개인 기도

....

....

묵상 도움

본문의 모든 동사가 명령형으로 이루어져 있습니다. 그리고
앞 구절에 이어 고난을 이겨낼 수 있는 방법을 제시합니다.
첫 번째 명령은 일어나서(쿰, קום) 부르짖는 것(라난, רנן)입니다.
18절과는 다른 동사 '라난'(רנן)이 쓰였습니다. 이 단어가 '통
곡하다, 한탄하다'의 의미로 사용된 것은 이 본문이 유일합
니다. 그러나 이 단어는 시편과 이사야에 가장 많이 등장합
니다. 고통 중에든, 아픔에 처해있든, 마음이 괴롭든, 어떤
상황 어떤 환경이든 회복하시고, 다시 살리시고, 돌아오게
하시고, 문제를 해결해 주시는 것과 관련이 있을 때 바로 이
동사를 사용합니다. 그런데 모든 문제가 해결된 다음에 나
오는 것이 아니라 이미 해결하셨다는 것을 믿는 믿음에서 나
오는 부르짖음이 바로 '라난'(רנן)입니다. 그렇다 보니 이 단어
는 '부르짖다', '외치다'라는 단어보다 '찬양하다', '노래하다'라
는 단어로 훨씬 많이 번역되었습니다(시 59:17). 이와 같은 행
동을 '초저녁에' 하라고 명령합니다. 이스라엘은 바벨론과 같
이 밤 시간을 세 부분(일몰-저녁 10시 / 저녁 10시-새벽 2시 / 새
벽 2시-일출)으로 나눕니다. 그중에서 초저녁은 일몰-저녁 10
시입니다. 하지만 각각의 밤 시간이 시작되는 모든 때(일몰, 저
녁 10시, 새벽 2시)를 '초저녁'이라고 부르기도 합니다. 그렇다면
어떤 시간을 떼어서가 아니라 매시간마다 부르짖어야 한다는

의미로 볼 수도 있습니다.

두 번째 명령은 주의 얼굴 앞에 네 마음을 쏟는 것(샤파크, שׁפַךְ)입니다. '마음을 물 쏟듯 하라'는 문장은 구약 성경에 딱 두 번이 사용되는데 다른 한 곳은 시편입니다(시 62:8). 주어가 '마음'이라는 사실에 주목해야 합니다. 마음이라는 단어는 '레브'(לֵב)라고 부르는데, 구약 시대를 살던 사람들에게 마음은 자신의 의지와 생각을 결단할 수 있는 기관이었습니다. 우리들에게는 '뇌'와 같은 의미입니다.

세 번째 명령은 주를 향하여 손을 드는 것(나사, נָשָׂא)입니다. 손을 든다는 의미가 '도움'을 구하는 의미와 밀접한 연관이 있기 때문에 그 행동 자체가 하나님께 도움을 구한다는 의미가 됩니다.

의지를 가지고, 매시간마다 유일한 도움이신 하나님을 향하여 손을 드는 것이 고난을 이겨낼 수 있는 방법임을 알았다면 이제는 행해야 합니다. 시인은 충분히 울기도 했고 한탄도 했습니다. 하지만 이 상태로 멈추려고 하지 않았습니다. 우리도 그래야 합니다.

적용 도움

우리가 가만히 있는다고 하나님의 도움이 저절로 오지 않습니다. 시간이 지난다고 문제가 해결되는 것은 아닙니다. 이 또한 다 지나가는 것은 아닐 수 있습니다. 문제의 유일한 해결자이신 하나님을 향해 의지적으로 나아가야 합니다. 철저히 주를 구하며 나갑시다. 반드시 도움의 손길을 잡을 수 있을 것입니다!

공동 기도

주님, 겸손한 마음으로 도우심을 구하며 손을 들고 주 앞에 나아갑니다. 마음과 의지를 다해 주님을 찾습니다. 주님께서 반드시 도우시리라 믿습니다.

20 여호와여 보시옵소서(ראה) 주께서 누구에게 이같이 행하셨는지요 여인들이 어찌 자기 열매 곧 그들이 낳은 아이들을 먹으오며 제사장들과 선지자들이 어찌 주의 성소에서 죽임을 당하오리이까

21 늙은이와 젊은이가 다 길바닥에 엎드러졌사오며 내 처녀들과 내 청년들이 칼에 쓰러졌나이다 주께서 주의 진노의 날에 죽이시되 긍휼히 여기지 아니하시고 도륙하셨나이다

22 주께서 내 두려운 일들을 사방에서 부르시기를 절기 때 무리를 부름 같이 하셨나이다 여호와께서 진노하시는 날에는 피하거나 남은 자가 없나이다 내가 낳아 기르는 아이들을 내 원수가 다 멸하였나이다

묵상 및 적용

....

....

....

....

....

....

....

개인 기도

....

....

묵상 도움

20-22절은 현재 고난을 받고 있는 예루살렘의 상황을 사람을 중심으로 한 내부의 모습에 담아내고 있습니다. 특히 20절은 회복을 꿈꾸는 화자의 마음을 앞서 언급한 1:11의 문장과 동일하게 사용합니다.[19] '여호와여 보시옵소서!' 앞선 구절과 같이 이 문장은 두 개의 동사로 이루어져 있습니다. 그래서 '보시옵소서(라아, ראה) 여호와여! 그리고 자세히 봐주십시오(나바트, נבט)!'라는 문장으로 이해할 수 있습니다.

여호와께서 꼭 보시기를 호소하며 외치는 시인이 현재의 상황을 자세히 설명합니다. 그들의 상황은 굶주림을 견디지 못해 자신의 자녀들을 먹었으며, 하나님의 일을 하는 제사장과 선지자들이 성전에서 죽었으며, 나이와 상관없이 모든 이들이 죽임을 당하고 있었습니다. 그 이유는 바벨론이 이스라엘을 침공했기 때문이며, 그 결정적인 원인은 이스라엘의 죄 때문이었습니다. 그들은 그들의 죄로 인해 하나님께 심판을 받고 있다는 사실을 알고 있었습니다. 그래서 현재 자기들의 상황을 '주의 진노의 날', '여호와께서 진노하시는 날'이라고 표현했습니다.

여전히 이스라엘은 심각한 고난의 때를 지나고 있습니다. 그러나 분명한 건 하나님께서 회복해 주시기를 기대하고 있

---

19   4일자 묵상 도움 참조, 46.

다는 점입니다. 그래서 여호와께서 보시기를 바란다는 시인의 기도는, 지금의 잔혹한 상황을 설명하는 정도의 마음을 가지고 했던 것이 아닙니다. 이 상황을 하나님이 보신다면 긍휼히 여겨 주실 것을 기대하고 있는 것입니다. 자신의 죄를 고백하고 인정하고 있으니 그 죄로부터 용서받기를 원하는 마음 또한 가지고 있습니다. 하나님이 보시는 가운데 시인은 하나님의 긍휼과 자비, 용서와 회복을 소망하고 있던 것입니다. 어찌 보면 사람이 아무것도 할 수 없는 상황을 만났을 때 할 수 있는 최선의 행동이지 않았을까요? 우리가 직접 갈 순 없지만 전 세계에서 기아, 기근, 자연재해, 전쟁, 폭력 등으로 고통을 당하는 이들이 있다는 것을 알았을 때, 같은 나라에 살고 있어도 우리가 직접 나서서 해결할 수 없는 문제들을 접했을 때 우리가 무엇을 할 수 있을까요? 그 본을 보여준 것이 오늘 시인의 기도가 아닐까 싶습니다. '보십시오 여호와여! 자세히 봐주십시오!' 오늘날 우리들에게 절대적으로 필요한 기도입니다.

적용 도움

우리 자신만을 위한 기도를 잠시 멈추고 주변을 향해 시선을 돌려보면 어떨까요? 하나님께서 꼭 보시기를 원하는 다양한 상황들이 우리 주변에 있지 않나요? 개인의 경건 생활을 점검하는 것도 중요한 것이지만, 주변을 볼 수 있는 눈을 열고 그들을 위해 기도할 수 있는 것도 우리가 가져야 할 경건의 모습임을 강조하고 싶습니다.

공동 기도

주님, 우리 주변을 보십시오. 굶주림, 질병, 전쟁, 가난, 다양한 폭력, 차별 등과 같은 수많은 이유로 고통을 당하는 이들이 있습니다. 그 상황을 이겨내기 위해 그들이 할 수 있는 것이 없습니다. 우리 또한 할 수 있는 것이 없습니다. 주님의 도우심이 간절히 필요합니다. 그들을 보십시오 여호와여! 자세히 그들을 봐주십시오!

애가

3장

고난 중에 근심과 애통을 더하다

◊

° 3장을 묵상하기 전에

3장은 앞선 1-2장과 같이 아크로스틱입니다. 그러나 하나의 알파벳이 3개의 절에 걸쳐 나타나기 때문에 구절수로는 66절이지만 내용이 많지 않아 전체적인 길이는 1-2장과 비슷합니다.

3장의 특징은 이전 장들과 달리 1인칭 단수/복수를 오가는 남성형의 화자가 등장한다는 점입니다. 이전까지 여성 시인, 의인화된 시온이 화자였다는 것과는 분명히 다릅니다. 이는 모든 성을 가진 화자를 균형 있게 등장시킴으로 당시 이스라엘이 당하던 고난은 모두에게 있었다는 사실을 나타내기 위한 방법이었을 것입니다.[1]

3장에서도 여호와가 많이 등장합니다(3:22, 24, 25, 26, 40, 50, 55, 59, 61, 64, 66). 그런데 2장의 분위기와는 다릅니다. 여호와를 향한 신뢰와 여호와가 행하신 회복 등에 대한 기대와 함께 이 호칭이 등장합니다.

---

1   롱맨 3세, 『예레미야·예레미야애가』, 527; 랄레만, 『예레미야·예레미야애가』, 547; 답스-알삽, 『예레미야애가』, 191-2.

> 1 여호와의 분노의 매(ぬꞮꞯ)로 말미암아 고난 당한 자는 나로다
> 2 나를 이끌어 어둠 안에서 걸어가게 하시고 빛 안에서 걸어가
>   지 못하게 하셨으며
> 3 종일토록 손을 들어 자주자주 나를 치시는도다

묵상 및 적용

....

....

....

....

....

....

....

....

....

....

개인 기도

....

....

묵상 도움

3장에서 화자는 '남자'입니다. 그것도 힘센 남자입니다. 그러나 그 남자는 아무 힘도 쓰지 못한 채 현재의 고통을 겪고 있습니다. 1절을 원문 그대로 직역하면 '나는 그의 분노의 막대기에 의해서 불쌍하게 보이던 그 남자(게베르, הַגֶּבֶר)다'입니다. 남자를 뜻하는 용어 '게베르'는 '남자'를 의미하기도 하지만, '힘센, 능력 있는'을 의미하기도 합니다.[2] 이 인물이 누구인지에 관해선 학자들의 여러 논의가 있습니다. 역사적인 상황을 고려할 때 유다의 마지막 왕인 시드기야로 보는 것이 유력합니다.[3] 하지만 역사적 인물이 누구였는지는 이 본문을 이해하는 일과 크게 상관이 없습니다. 왜냐하면 이 용어를 사용한 이유는 힘이 있든, 능력이 있든 아무 상관 없이 하나님에 의한 심판 앞에서는 누구나 무력해지는 결과를 맞이할 수밖에 없었다는 것을 강조하기 때문입니다. 자신이 힘이 있고 능력이 있어 어떤 어려움이든 자신의 힘으로 해결할 수 있다고 생각했던 어리석음을 무너지게 만든 것이 하나님의 능력입니다. 이스라엘은 자기들이 한계가 많은 존재임을 진

---

2 롱맨 3세, 『예레미야·예레미야애가』, 528.

3 Magne Sæbø, "Who is 'the Man' in Lamentations 3? A Fresh Approach to the Interpretation of the Book of Lamentations," in *Understanding Poets and Prophets: Essays in Honour of George Wishart Anderson*, ed. A. Graeme Auld, JSOTSup 152 (Sheffield: Sheffield Academic Press, 1993), 294–306.

작에 인식했어야 합니다. 하나님의 심판 앞에서 모든 피조물
은 한계를 경험하며 겸손해질 수밖에 없습니다.

'매'라고 번역한 히브리어 '쉐베트'(שֵׁבֶט)는 시편 23편에서
목자가 양들을 보호하는데 사용한 '막대기'와 같은 단어입
니다. 시편에서는 이 막대기가 은혜의 상징이지만 이곳에서
는 하나님의 진노의 상징이 되었습니다. 2장에서 자주 목격
할 수 있었던 것처럼 이스라엘 안에서 하나님의 은혜의 상징
이었던 여러 단어들이 이제는 분노와 심판의 상징으로 변했
습니다. 과거에는 하나님의 임재, 은혜 등을 상징했던 단어
나 행동들이 이제는 심판과 관련됩니다. 3절에서도 보이는
'하나님의 손'은 과거에 이스라엘을 위한 하나님의 구원의 능
력이었습니다(출 3:19-20). 그러나 이제는 아닙니다. 하나님은
이스라엘을 심판하기 위해 손을 드십니다(시 32:4; 렘 21:5).

적용 도움

어려움과 고난 중에 때로는 우리 스스로의 지혜로 헤쳐나가야 할 때도 있습니다. 하지만 많은 상황들이 우리가 해결할 수 없는 게 많습니다. 그럼에도 우리는 버틸 수 있다면, 해볼 만하다면 하나님을 찾지 않는 게 일상입니다. 마지막에 가서야, 내 힘으로 도저히 안 된다는 것을 깨달았을 때에야 비로소 하나님을 찾습니다. 조금 더 일찍, 조금 더 미리 하나님을 찾을 수는 없을까요? '강한 자'라고 여기는 우리의 생각을 내려놓는다면 어떨까요? 한계 많은 존재임을 늘 인식하고 산다면 어떨까요? 그럼 우리의 삶이 조금은 달라질 것입니다.

공동 기도

주님, 우리는 결코 강하지 않습니다. 강하다는 착각 속에 빠져 살지 않도록 도와주소서. 어려움의 끝에 가서야 하나님을 찾으며 왜 그동안 우리에게 관심이 없었냐고 하나님을 원망하지 않도록 도와주소서. 어려움과 고통의 시기를 만날 때 가장 먼저 하나님을 찾을 수 있는 삶이 되도록 도와주소서.

4 나의 살과 가죽을 쇠하게(בלה) 하시며 나의 뼈들을 꺾으셨고
5 고통과 수고를 쌓아 나를 에우셨으며
6 나를 어둠 속에 살게 하시기를 죽은 지 오랜 자 같게 하셨도다
7 나를 둘러싸서 나가지 못하게 하시고 내 사슬을 무겁게 하셨으며
8 내가 부르짖어 도움을 구하나 내 기도를 물리치시며
9 다듬은 돌을 쌓아 내 길들을 막으사 내 길들을 굽게 하셨도다
10 그는 내게 대하여 엎드려 기다리는 곰과 은밀한 곳에 있는 사자 같으사
11 나의 길들로 치우치게 하시며 내 몸을 찢으시며 나를 적막하게 하셨도다
12 활을 당겨 나를 화살의 과녁으로 삼으심이여

묵상 및 적용

....

....

....

....

....

....

....

....

....

개인 기도

묵상 도움

하나님에 의해 고통을 당하는 주인공의 피부가 손상되었습니다. '쇠했다'(발라, בלה)라는 히브리어 동사는 기근으로 인한 신체적 고통과 정신적 고통 모두를 의미합니다.[4] 또한 '뼈'는 인간의 몸 그 자체를 의미합니다. 그렇기에 뼈들이 꺾임을 당하면 몸이 부서지는 것과 같습니다. 하나님이 은혜를 공급하시지 않는다면 그의 영은 부서진 것과 같다는 영적인 의미로도 이해할 수 있습니다.[5] 그렇기에 지금 시인의 몸은 완전히 망가졌으며 하나님으로부터 오는 은혜를 기대할 수 없기에 영도 부서진 상태입니다. 고통이 그를 에워싸고 포위했습니다. 시인은 아무것도 할 수 없을 만큼 완전히 탈진했을 것입니다. 그런데 불현듯 조금이나마 희망의 끈을 잡을 수 있다는 생각이 그의 머릿속을 스치고 지나갑니다. 시인은 '기

---

4   Renkema, *Lamentations*, 355.

5   Renkema, *Lamentations*, 355-6.

도'라는 단어가 생각났고, 곧바로 하나님께 부르짖습니다. 사방은 벽이고, 나갈 곳은 없고, 사슬로 인해 무거워 일어설 수도 없는 상황에 무엇을 할 수 있겠습니까? 그저 울부짖으며 소리쳤습니다. 하지만 하나님은 그 부르짖음을 듣지 않으셨습니다. 시인이 살아갈 수 있는 모든 길을 막으셨습니다. 시인은 곰과 사자, 활을 쏘는 자의 은유를 통해 자신이 얼마나 피할 수 없는 고통을 안고 살아가는 지를 표현합니다. 이 표현들은 구약성경 곳곳에서 하나님의 심판이 일어날 때 등장했습니다. 애가에 반복되고 있지만 시인은 하나님으로부터 오는 심판을 처절하게 경험하는 중입니다.

절망의 이야기가 가득한 이 본문을 통해 우리는 무엇을 생각해 봐야 할까요? 이렇게까지 공동체에게 고통을 주시면서 하나님은 무엇을 하고 계실까요? 우리가 알고 있는 하나님이라면 이런 상황에 당연히 용서해 주실 것 같지만, 실은 아무런 행동도 하고 계시지 않습니다. 어찌 보면 하나님은 고통을 주시는 행동을 적극적으로 하고 계시는 것일지도 모릅니다. 그런데 기쁘게 이 일을 하고 계실까요? 하나님은 어떤 마음으로 심판을 하고 계실까요? 피를 토하며 괴로워하는 공동체를 보며 하나님은 전보다 더 괴로워하시지 않을까요? 그럼에도 왜 이렇게까지 하셔야 했을까요? 수백 년 동안 하나님은 이스라엘에게 살 수 있는 다양한 희망의 메시지를 주셨습니다. 하지만 이스라엘은 이를 무시하며 살아왔습니다. 지금 그들에겐 이 과정을 통해 새롭게 태어날 필요가 있었습니다. 고로 하나님께서는 찢어지는 마음을 부여잡고 참고 참으시는 중에 이 상황을 보고 계시지 않을까요? 그래야 공동체가 살 수 있으니까요. 이 방법 외에는 없으니까요.

적용 도움

우리에게 있는 고통의 순간들로 인해 하나님을 원망했던적이 많을 것입니다. 하나님은 도대체 뭐 하시는 분이냐며 강한 불만도 표출했을 것입니다. 그럴 때 하나님은 어떤 마음일까 고민해 본 적이 있나요? 지금 우리의 인생을 바라보는 하나님은 어떤 마음이실까요? 우리가 이해할 수 없는 상황을 겪을 때 혹시 그 시간은 우리에게 꼭 필요한 하나님의 시간은 아니었을까요? 잠잠히 묵상해 봅시다.

공동 기도

주님, 원치 않는 인생의 여러 일들 때문에 하나님을 향한 불만과 불평이 솟아오를 때가 너무 많습니다. 오늘은 잠시 멈추어 이런 우리의 인생을 바라보시는 하나님을 묵상하기 원합니다. 주님, 우리를 너무 사랑하시죠? 그렇죠?

13 화살통의 화살들로 내 허리(כִּלְיָה)를 맞추셨도다
14 나는 내 모든 백성에게 조롱거리 곧 종일토록 그들의 노랫
   거리가 되었도다
15 나를 쓴 것들로 배불리시고 쑥으로 취하게 하셨으며

묵상 및 적용

....

....

....

....

....

....

....

....

....

....

개인 기도

....

....

....

묵상 도움

하나님이 내리시는 심판 이야기가 계속되고 있습니다. 이번에는 하나님을 궁수로 표현하고 있습니다. 하나님은 '허리'를 향해 활을 쏘셨습니다. 허리로 번역한 히브리어 '킬야'(כִּלְיָה)는 허리라는 의미보다는 '신장'(콩팥)에 가깝습니다. 고대인들에게 신장은 '감정을 주관하는 기관'이었습니다. 지금 화살로 신장을 맞은 것 같은 그들의 감정은 어떠했을까요? 괴로움의 감정들이 터져 나올 수밖에 없었습니다. 하나님이 쏘신 활을 신장에 맞았다는 것은 하나님이 주신 고난으로 인해 시인과 공동체는 슬픔의 감정이 폭발했다는 것을 의미합니다.

자신이 고난을 당하는 것도 모자라 이제는 주변인들로부터 조롱과 야유를 받습니다. 왜냐하면 시인이 하나님을 믿는 자였다는 것을 모두가 알고 있었기 때문입니다. 그의 초라함, 비참함을 보며 시인을 보는 이들마다 그를 위로하기보다는 놀림거리로 삼았을 것입니다. 마치 욥이 그의 고난으로 인해 주변인들에게 조롱거리가 된 것처럼 말입니다. 시편의 시인들이 '네 하나님이 어디에 있느냐?'라며 물었던 조롱이 들리는 깃 같습니다.

고통 가운데 있는 이들이 먹는 음식이라곤 쓴 것들뿐입니다. 이는 좋은 음식이 더 이상 그들에게 제공되지 못함을 의미할 수도 있고, 그들이 어떤 음식을 먹든 맛있을 수 없는 상황임을 설명하는 것일 수도 있습니다.

시인과 공동체가 겪고 있는 고난을 보고 있으니 마음이 아프기만 합니다. 하지만 시인은 이럴 때 반드시 생각해야 하는 것이 있습니다. 공동체가 잊고 있었던 것이 있음을 깨달아야 합니다. 바로 하나님은 '공의의 하나님'이라는 점입니다. 그분에게는 당연히 측량할 수 없는 '사랑'이 있습니다. 하지만 '공의'의 속성 또한 가지고 계십니다. 너무 '사랑'에만 집중하고 있다 보면 우리의 행동의 조심성이 사라지고, 우리가 두렵고 떨리는 마음으로 하나님 앞에 엎드려 겸손히 살아야 하는 존재라는 사실도 망각하게 됩니다. 사랑의 하나님이시기 때문에 모든 걸 용서하실 것이라는 착각에 빠지지 말아야 합니다. 우리는 때론 우리가 행한 행동에 마땅한 책임을 져야 합니다. 이스라엘은 괜찮다고 생각했을 것입니다. 이 정도로는 심판이 임하지 않을 것이라고 안심했을 것입니다. 그렇게 수백 년의 세월을 보냈을 것입니다. 착각의 늪에 깊이 빠져있었던 것이죠. 우리가 당하는 고난의 이유를 모두 알 수 있는 것은 아닙니다. 하지만 때론 우리가 하나님을 경외하는 법을 잊고 있는 것은 아닌지 돌이켜 봐야 합니다. 우리는 늘 공의의 하나님 앞에서 살아가는 존재임을 잊지 말아야 합니다.

적용 도움

우리의 신앙이 사랑의 하나님이라는 단어에 너무 매몰되어 있는 것은 아닐까요? 사랑은 하나님의 중요한 속성이지만, 그렇다고 모든 것이 다 용납되는 것은 아닙니다. 우리의 삶, 언어, 행실 등을 늘 점검해야 합니다. 왜냐하면 우리는 늘 하나님 앞에서 살아가고 있기 때문입니다.

공동 기도

주님, 헛된 안심에 빠져 행실을 되돌아보지 않는 어리석은 삶을 살지 않도록 도와주십시오. 신앙의 긴장감 없이 살아가는 나태하고 게으른 신앙인이 되지 않도록 도와주십시오. 고난의 시기에 우리의 신앙생활을 다시 한번 돌아볼 수 있는 지혜를 주셔서 하나님 경외하는 법을 잊지 않도록 우리의 마음과 생각을 늘 인도해 주옵소서.

16 조약돌로 내 이들을 꺾으시고 재로 나를 덮으셨도다
17 주께서 내 심령이 평강에서 멀리 떠나게 하시니 내가 복을
   내어버렸음이여
18 스스로 이르기를 나의 힘과 여호와께 대한 내 소망이 끊어
   졌다 하였도다

묵상 및 적용

개인 기도

묵상 도움

시인은 이 본문에서 또 다른 언어로 현재 처해 있는 상황을 표현합니다. 16절에서 조약돌 때문에 이가 부서진 것은 전쟁의 폐허 속에서 재 가운데 음식을 찾아 먹으려다가 돌을 씹은 상황을 상상하게 합니다. 먹을 것이 없어서 그나마 눈에 보이는 것을 먹었는데 실제 먹을 수 있는 음식은 얼마 되지 않고 돌과 같이 못 먹는 것이 더 많이 섞여 있었던 것이죠. 참으로 말로 표현하기 힘든 참상입니다.

거기에 더해 시인은 샬롬이 그에게서 사라지니 좋은 것을 기억할 수 없었고, 여호와로부터 올 수 있는 소망을 모두 잃었다고 고백합니다. 표현만 다르지 시인과 공동체가 겪고 있는 고난의 상황은 표현할 수 없을 만큼 컸습니다. 하지만 이런 상황임을 몇 번만 반복해서 설명해도 이를 충분히 이해할 것 같은데 성경은 왜 이토록 필요 이상으로 여러 번 표현하는 것일까요? 시인과 공동체는 주변에 어떤 마음을 전하고 싶었던 걸까요?

현재까지의 상황을 보니 그들은 겪고 있는 심각한 상황으로 인해 심하게 애통하고 있습니다. 할 수 있는 것이 우는 것밖에 없습니다. 그리고 이런 일이 일어난 것은 자신들의 죄 때문이며 하나님께 형벌을 받고 있다는 것도 알고 있습니다. 모든 원인을 알고 있는 데 그들은 할 수 있는 것이 없습니다.

그저 사람들로 하여금 그들의 마음을 공감해 주기를 애타게 소망하고 있습니다. 주변인들이 그들의 마음을 공감한들 실제로 해줄 수 있는 것은 아무것도 없을 텐데 그들은 왜 그것을 바랄까요? 아마도 그들과 같은 마음으로 기도해 주기를 바라기 때문일 것입니다. 지금 이 상황을 해결하는 것은 인간의 능력 밖입니다. 사람이 해결할 수 있는 것은 없습니다. 그렇다고 사람들의 도움이 필요하지 않은 것은 아닙니다. 기도가 필요합니다. 같은 마음을 품고 함께 탄원해 준다면 하나님께서 긍휼의 마음을 더 빨리 베풀어 주시지 않을까라는 기대를 할 수 있으니까요.

주변에 어려움을 겪는 이들도 같은 마음이 아닐까요? 실제적인 문제를 해결해 주는 것보다 마음을 공감하고 완전한 해결자이신 하나님께 같이 도움을 구하는 것을 원하지 않을까요?

적용 도움

세상에서 사람이 가진 힘으로 해결할 수 있는 상황은 생각보다 많지 않습니다. 그러기에 앞으로 어려움을 겪는 이들을 도와줄 수 없어서 더 괴롭고 안타까운 상황을 자주 맞이할 것입니다. 하지만 우리 그리스도인들은 기도할 수 있습니다. 마음을 공유하고 하나님께 함께 탄원할 수 있습니다. 그런 마음을 갖는 것이 중요합니다.

공동의 기도

주님, 우리가 무슨 능력이 있어서 어려움을 겪는 이들에게 도움을 줄 수 있겠습니까? 우리의 도움이신 하나님께 그들을 위해 기도할 수 있는 마음을 주옵소서. 기도로 도울 수 있는 마음을 주옵소서. 그리고 그것이 가장 최선의 돕는 방법임을 경험하게 하옵소서.

19 내 고초와 재난 곧 쑥과 담즙을 기억하소서(זכר)
20 내 마음이 그것을 기억하고(זכר) 내가 낙심이 되오나
21 이것을 내가 내 마음에 담아 두었더니 그것이 오히려 나의
소망이 되었사옴은

묵상 및 적용

....

....

....

....

....

....

....

....

....

....

개인 기도

....

....

....

묵상 도움

19-20절에 걸쳐 나타나는 '기억하다'(자카르, זכר)는 서로 다른 의미를 지닙니다. 19절에서는 하나님에게 요청하고 있는 장면입니다. 예레미야에서 쑥은 유배를 의미하지만(렘 9:14) 애가에서 쑥과 담즙은 고초와 재난을 의미하는 단어로 연결되어 있습니다.[6] 쑥뿐만 아니라 쓴 맛이 나는 식물들은 고통이나 슬픔, 사회를 병들게 하는 독 등을 비유적으로 표현합니다(암 5:7; 6:12; 잠 5:4).[7] 그리고 이 구절은 출애굽기를 연상케 하는 단어를 사용합니다. 물론 지금의 재난도 생각할 수 있지만 과거 이들이 겪었던 고난을 이야기하는 장면으로 보는 것이 더 맥락에 맞는 것 같습니다. 출애굽기에서 하나님이 이스라엘을 구원하시기 위해 하셨던 행동 중에 '기억하다'가 있습니다(출 2:23-25). 이 의미를 생각해 볼 때 하나님께 기억해 달라는 간구는 결국 하나님의 개입을 요구하는 것입니다. 왜냐하면 이 상황을 해결해 줄 수 있는 분은 하나님밖에 없기 때문입니다. 그러므로 첫 번째 '기억하다'는 앞서 하나님께 언급한 '보십시오(애 1:9, 11, 20, 2:20)'와 같은 의미로 볼 수 있습니다.

두 번째의 기억하다는 자신의 경험을 두고 하는 말입니

---

6   Salters, *Lamentations*, 221.

7   Berlin, *Lamentations*, 91.

다. 애가 3:20-21을 직역하면 '나의 영혼은 확실하게 기억할 것이다. 그래서 '굴복될 것이다/소멸할 것이다, 나는 이것을 나의 마음에 간직/명심하였다, 그 때문에 나는 고대하게/기다리게 될 것이다'입니다. 하나님의 기억은 인간을 향한 구원의 역사를 이루십니다. 그런데 사람의 기억은 잊을 수 없는 아픔에 대한 기억입니다. 그러나 그 아픔의 기억을 내 마음속에 담아 둔다는 표현이 정말 특이합니다. 이 기억은 자신이 이전에 경험했던 것이고 마음에 담아 두고 있던 그 무엇을 의미합니다. 개인적으로 자신이 이전에 고난의 길을 걷고 있었을 때를 기억합니다. 공동체적으로는 이전에 고난의 길을 걷고 있었던 이스라엘의 상황을 기억할 수 있게 됩니다. 그런데 개인적으로든, 공동체적으로든 그들이 지금 살아 있는 이유는 그 고난을 지나왔기 때문입니다. 그리고 그 시간 동안 하나님께서 어떻게 역사하셨는지를 기억하고 있기 때문입니다. 그렇기에 과거의 기억이 지금을 이겨낼 힘이 되고, 지금의 기억이 미래의 고난을 이겨낼 자양분이 된다고 시인은 고백하는 것입니다. 그는 하나님을 기다리고 있습니다.

적용 도움

하나님께서 기억해 주시기를 소망한다는 것은 하나님께서 우리의 삶에 개입하셔서 구원의 역사를 이루시기를 기대하는 것입니다. 또한 우리는 과거의 경험들을 통해 신실하신 하나님에 대한 기억이 있습니다. 그래서 지금 힘겹고 어려워도 하나님을 기대하고 기다릴 수 있습니다. 그리고 지금의 경험은 또 다르게 경험할 고난의 순간 우리가 하나님을 기억하고 기다릴 수 있는 힘이 될 것입니다.

공동 기도

주님, 우리를 기억해 주십시오. 그래서 우리의 삶에 개입해 주십시오. 하나님의 가장 선하신 길로 인도해 주십시오. 또한 우리의 희미한 기억 속에 있던 하나님의 신실하심을 다시금 생각나게 해주십시오. 언제나 우리를 돌보셨고, 고난을 이기게 해주셨고, 이길 수 있는 힘을 주셨던 하나님을 다시금 기억할 수 있도록 도와주소서.

22 여호와의 인자(תֶסֶד)와 긍휼(רַחֲמִים)이 무궁하시므로 우리가 진멸되지 아니함이니이다

23 이것들이 아침마다 새로우니(חָדָשׁ) 주의 성실하심(אֱמוּנָה)이 크시도소이다

24 내 심령에 이르기를 여호와는 나의 기업이시니 그러므로 내가 그를 바라리라 하도다

묵상 및 적용

개인 기도

묵상 도움

하나님을 향한 기다림을 가질 수 있는 그 정확한 이유가 22절에 나와 있습니다. 원문을 직역하면 그 의미가 조금 더 정확합니다. '여호와의 은총들(헤세드, חֶסֶד)로 인하여 우리들은 끝나지 않았다. 정녕 그의 긍휼들(라하밈, רַחֲמִים)은 완성되지/다하지 않았다.' 과거의 기억을 통해 알게 된 가장 중요한 하나님의 성품은 사랑과 '은총'(헤세드, חֶסֶד) 그리고 '긍휼'(라하밈, רַחֲמִים)입니다. 하나님께서 가지고 계신 사랑과 은총은 하나님과 인간 사이에 맺어진 '언약'과 깊은 관련이 있습니다. 지금 겪고 있는 고난이 그 언약적 관계가 깨졌음을 의미하지 않습니다. 왜냐하면 하나님의 긍휼 때문입니다. 긍휼은 하나님께서 인간과 함께 하시겠다는 자신의 의지이자 죄 용서와 심판을 구원으로 바꾸는 하나님의 마음이 담겨 있는 단어입니다.[8] 긍휼이라는 단어 '라하밈'(רַחֲמִים)은 원래 내장, 속, 자궁(태), 자비의 자리 등을 가리킵니다. 그것이 인간을 향한 하나님의 마음이기에 하나님은 아직도 여전히 이스라엘을 포기하지 않으셨습니다. 기억을 마음에 두면 이런 하나님의 성품을 기억할 수 있습니다. 왜냐하면 이 단어는 긍휼을 베푸는 자가 감당해야 할 희생이 내포되어 있기 때문입니다.

23절에서 중요한 단어는 하나님의 '성실'(에무나, אֱמוּנָה)입니

---

8 가렛, 하우스, 『아가, 예레미야애가』, 618.

다. 이 단어는 '견고, 안정'이라는 의미도 있습니다. 이 단어 또한 하나님의 성품을 정확하게 보여줍니다. 하나님은 견고하시고 안정되며 변하지 않으십니다. 지금 고난을 주신다고 해서 인간이 원하지 않는 상황을 만난다고 해서 하나님의 성실함이 변한 것은 아닙니다. 이것을 더욱 강조하는 것이 '새롭다'(하다쉬, חָדָשׁ)라는 말입니다. 이 말은 이전에 없었던 것이 아니라 이전에 있었던 것이 새롭게 갱신되는 것을 의미합니다.[9] 전혀 알지 못하는 일이 일어나는 것이 아닌 하나님의 성실에 기초한 회복이라고 할 수 있습니다.

24절은 땅을 기업으로 받았던 여호수아 시대를 생각나게 합니다. 하지만 그중에서 레위 지파는 땅을 기업으로 받지 못했고, 대신 아론이 '내가 너의 기업이다'(민 18:20)라는 말을 하나님으로부터 듣게 됩니다. 애가 3:24은 바로 이와 가깝습니다. 땅과 소유는 모두 빼앗겼지만 하나님이 계시기 때문에 다시 공급받을 수 있다는 희망을 품게 합니다.[10]

---

9   가렛, 하우스, 『아가, 예레미야애가』, 619.

10   Dianne Bergant, "êkāh: A Gasp of Desperation (Lamentations 1:1)," *Int* 67, no. 2 (2013): 152-3.

적용 도움

하나님이 신실하시다는 고백은 그의 성품이 변하지 않으며 말씀하신 것을 반드시 이루신다는 것을 의미합니다. 성경의 역사에서 하나님이 인간이 겪는 고통과 아픔 속에 어떻게 반응하셨는지를 생각해 봅시다. 지금 이스라엘의 고통은 정의의 하나님의 입장에서 마땅히 내려야 할 형벌이었겠지만, 하나님께서는 고통을 겪는 이들을 보며 그 누구보다 가슴 아파하고 계실 것입니다. 그 마음을 기억해야 합니다.

공동 기도

주님, 우리의 고통을 외면하지 않으심을 믿습니다. 우리의 죄 때문에 우리에게 괴로움이 있어도 우리보다 더 아파하시는 하나님을 기억하게 하옵소서. 신실하신 하나님은 우리를 향한 사랑을 포기하지 않음을 기억하게 하사 죄의 길을 과감히 떨쳐버리고 하나님께로 돌아갈 수 있는 용기를 주옵소서.

25 기다리는 자들에게나 구하는 영혼들에게 여호와는 선하시
도다(쉽)

26 사람이 여호와의 구원을 바라고 잠잠히 기다림이 좋도다

27 사람은 젊었을 때에 멍에를 메는 것이 좋으니

묵상 및 적용

개인 기도

묵상 도움

히브리어 알파벳 '테트'(ט)로 시작하는 이 세 구절은 특별히 '선한, 좋은'이라는 의미의 '토브'(טוב)로 똑같이 시작합니다. 이를 통해 시인은 무엇이 좋고 선한 것인지를 언급합니다. 25-26절에서 '기다림'이라는 단어를 주목하게 합니다. 26절에서 언급하는 '침묵'(잠잠히)은 앞선 구절들과 같이 아무것도 할 수 없음에 따른 절망의 침묵이 아닙니다. 구원을 바라고 있는 자의 기대의 침묵으로 볼 수 있습니다.[11] 그러므로 기다림은 아무 생각 없이 가만히 있는 상태가 아닙니다. 아직 어떠한 상황도 변하지 않았지만 하나님을 신뢰하기 때문에 그분의 역사하심을 기대할 수 있는 '기다림'입니다. 하지만 절대 오해는 없어야 합니다. 하나님은 우리가 기대하는 방식으로 일하시지 않기 때문입니다.

27절의 '멍에'는 하나님께서 현재 시인과 공동체에게 주고 계신 고난입니다. 멍에는 일반적으로 짐승들을 제어하는 역할을 합니다. 그런데 왜 이곳에서는 고통을 당하는 이들에게 주어진 것처럼 표현하고 있을까요? 짐승에게와 마찬가지로 지금 그들이 지고 있는 멍에도 누군가를 제어하기 위해서입니다. 하나님과 상관없이 살아가려고 날뛰는 사람들을 제어해 주는 역할을 합니다. 지금껏 이스라엘은 제어받지 않은 상

---

11 가렛, 하우스, 『아가, 예레미야애가』, 621.

태로 날뛰며 살았습니다. 그랬더니 지금과 같은 결과를 맞이했습니다. 그렇기에 시인은 젊었을 때, 즉 조금이라도 더 빨리 경험하고 있는 멍에는 후에 신앙을 위해 유익할 것이라고 말합니다.[12] 늦었지만 지금이라도 멍에를 메고 있다는 것은 후에 일어날 회복을 기대할 수 있죠. 헨리 스쿠걸(H. Scougal)[13]도 젊었을 때 멍에를 메는 것은 혼자 앉아서 잠잠하기를 배우기 때문에 유익하다고 설명했습니다. 이것은 하나님의 섭리에 복종하기를 배우는 시간이라고 할 수 있다는 것입니다.[14]

---

12   롱맨 3세, 『예레미야·예레미야애가』, 537.

13   헨리 스쿠걸은 스코틀랜드에서 태어난 복음주의의 위대한 증인이며, 1678년 28세의 나이에 결핵으로 사망하였다. 그 중에 인간의 영혼 안에 있는 하나님의 생명이라는 책은 친구에게 영적 생활을 격려하기 위해 썼던 것이다. 100년 후, 찰스 웨슬리는 이 책을 조지 휫필드에게 주었고, 이 책은 휫필드가 회심하는 데 큰 영향을 주었다. 휫필드는 이 책을 통해 진정한 종교가 무엇인지 깨닫게 되었다고 한다.

14   헨리 스쿠걸, 『인간의 영혼 안에 있는 하나님의 생명』, 세계기독교고전 47, 모수환 역 (고양: 크리스챤다이제스트, 2003[Henry Scougal, *The Life of God in the Soul of Man*]), 166.

적용 도움

지금의 겪는 고난이 반드시 인간의 삶에 필요 없는 요소는 아닙니다. 이스라엘의 죄 때문에 심판이 임했지만 그것을 통해 그들은 하나님이 어떻게 인간의 삶을 통제하시는 지를 배웠을 것입니다. 인간이 날뛰지 않고 겸손하게 살아갈 수 있도록 이런 일을 마련하신 그 자체가 인간을 향한 하나님의 사랑의 표현입니다.

공동 기도

주님, 지금 우리의 삶에 멍에가 씌어져 있는 것 같을 때에도 하나님이 우리를 위해 마련하신 훈련의 시간임을 깨닫게 하옵소서. 우리에게 주어진 모든 자유를 박탈하고 억압하는 것이 아닌 하나님의 통제를 벗어나 죄 가운데 살려는 인생을 돌이키게 만드시는 하나님의 사랑임을 깨닫게 하옵소서.

28 혼자 앉아서 잠잠할 것은 주께서 그것을 그에게 메우셨음이라

29 그대의 입을 땅의 티끌(עָפָר)에 댈지어다 혹시(אוּלַי) 소망이 있을지로다

30 자기를 치는 자에게 뺨을 돌려대어 치욕으로 배불릴지어다

묵상 및 적용

개인 기도

묵상 도움

앞선 세 절에서 하나님을 향한 기다림이 좋고 선한 것이라 말했던 시인은 이제 어떤 하나의 행위를 할 것을 명령합니다. 일단 멍에가 있기 때문에 앉아서 잠잠해야 합니다. 자신이 옳다고, 자신의 생각이 맞다고 생각했던 날뛰던 모습을 이제는 멈춰야 합니다. 그리고 시인은 자신의 입에 '티끌/먼지'(아파르, עָפָר)를 대라고 말합니다. 그리고 그것이 어쩌면 소망이 될 수도 있다고 설명합니다. 이것이 무슨 말일까요? 아무리 생각해도 이런 행동이 무슨 의미가 있을까 싶습니다. 그리고 왜 지금 고난을 겪는 사람들에게 이런 말을 할까요? 이런 행동이 그들에게 왜 소망을 줄 수 있을까요?

시인은 지금 자신과 민족이 고난을 받고 있는 이유를 정확히 알고 있습니다. 그것은 하나님의 명령에 순종하지 않았기 때문이며, 그것은 우상숭배와 깊은 관련이 있습니다. 이스라엘이 우상을 숭배한 것은 이유가 있습니다. 그것은 인간 자신이 피조물에 불과한 존재라는 것을 잊어버렸기 때문입니다. 자신이 피조물임을 잊어버린 인간은 신과 같이 되려고 애씁니다. 하나님의 자리에 자신이 올라서고자 합니다. 선과 악을 자신이 판단하려고 합니다. 그리고 인간이 만든 피조물인 우상을 숭배하며 자신이 원하는 바를 이루기 위한 합리화의 수단으로 삼습니다. 자신의 존재가 무엇인지를 망각한 인간의 행동은 상당히 위험합니다. 그런데 시인은 이것을 정확히 알고 있었습니다. 그래서 제시하는 것이 '티끌/먼지'를 입에 대는 것입니다. '티끌/먼지'를 자신의 입에 대면 깨닫는 것이 있을 것이라고 시인은 기대했습니다. 왜냐하면 이 '티끌/먼지'는 인간을 만든 물질이기 때문입니다(창 2:7). 창 2:7에 나오는 이 '흙'과 오늘 본문에 나오는 '티끌'은 둘 다 같은 단어, 즉 '아파르'(עָפָר)입니다. 그것을 자신의 입에 가까이 댈 때, 인간은 자신의 존재를 정확히 인식하게 되고 그제서야 자신이 피조물에 불과한 존재임을 깨닫게 됩니다. 그리고 동시에 하나님은 우리의 창조주이심을 다시금 인식하게 될 것입니다. 그걸 알아야 인간에게 소망이 있습니다. 이것 외에는 방법이 없습니다.

그런데 시인은 이 중요한 표현 앞에 '혹시'(울라이, אוּלַי)라는 단어를 붙입니다. 이 단어는 요나에서도 등장하지만 궁극적 결정은 하나님의 '자유'에 있음을 강조하는 용어입니다. 시인은 티끌/먼지를 통해 자신의 피조물 됨을 깨닫고, 최선을 다해 회개할지라도 결국 용서의 영역은 하나님께 있다는 것을 강조하고 있습니다.[15] 용서는 하나님의 영역입니다. 그렇기에 회개 후에 용서가 자동적으로 따라온다는 신앙은 상당히 위험할 수 있습니다.

---

15   라이트, 『예레미야애가』, 159.

적용 도움

고난을 이기는 방법은 여러 가지가 있습니다. 성경에서 말하는 여러 방법 중에 중요한 것 하나는 '내 존재를 바로 아는 것'입니다. 거기서부터 시작하기를 원합니다. 우리의 존재는 '티끌'로부터 왔다는 것을 기억해야 합니다. 인간은 그 사실을 잊어버리면서부터 죄를 짓기 시작했습니다.

공동 기도

주님, 우리의 존재는 티끌에서 만들어졌음을 기억하고 언제나 겸손히 살아가게 하옵소서. 하나님과 같이 되려는 욕망, 선과 악의 판단을 나 스스로 내리려는 교만, 하나님의 통제를 벗어나 사는 것이 옳다고 생각하는 착각을 다 버리게 하옵소서. 창조주 하나님 앞에서 피조물로 살아가는 것이 은혜로운 것임을 깨닫게 하옵소서.

31 이는 주께서 영원하도록 버리지 아니하실 것임이며
32 그가 비록 근심하게 하시나 그의 풍부한 인자하심에 따라
   궁휼히 여기실 것임이라
33 주께서 인생으로 고생하게 하시며 근심하게 하심은 본심이
   아니시로다

묵상 및 적용

....

....

....

....

....

....

....

....

....

....

개인 기도

....

....

묵상 도움

애가에 등장하는 예루살렘의 멸망은 하나님께서 이스라엘과 맺으셨던 언약을 파기하신 것일까요? 하나님은 지금의 상황을 막을 수 없는 분이신가요? 바빌론의 신이 여호와보다 강한가요? 이스라엘을 향한 하나님의 혹독한 형벌인가요? 이에 관한 대답은 3장의 중간 부분에 있습니다. 저자가 아크로스틱을 사용한 것은 자신이 말하고자 하는 주제의 완전하고 철저함을 표현하기 위한 수단입니다. 3장 중간 부분이 있는 애가의 핵심은 이 일의 배후에 하나님이 계시고, 그가 회복을 위한 고난을 이스라엘에게 주고 계시다는 합당한 이유가 있다는 것입니다.[16] 비슷한 의견으로 질 미들마스는 애가의 시가 하나님께서 고난을 내리심이 옳다는 신정론보다는 고난을 주시는 '하나님에 대한 비난'(theo-diabole)이 더 강하다고 봅니다. 하지만 3장 중반부 구절부터는 그 비난을 받아치고 그들이 가지고 있었던 염려를 논박한다고 봅니다.[17] 그래서 애가 3장 중반부에서는 하나님이 가지고 계신 본심이 무엇인지 정확하게 알려줍니다(애 3:33). 사람으로 하여금 고생과 근

---

16 Johnson, "Form and Message in Lamentations," 65-8.

17 질 미들마스, 『이스라엘의 무성전 시대: 포로기의 역사, 문헌, 그리고 신학에 대한 개요』, 홍성혁 역 (서울: CLC, 2018[Jill Anne Middlemas, *The Templeless Age: An Introduction to the History, Literature, and Theology of the "Exile"*, Louisville, Ky.: Westminster John Knox Press, 2007]), 89.

심을 주는 것은 하나님의 본심이 아닙니다. 그리고 이 세 구절은 히브리어 알파벳의 '카프'(כ)와 시작하기에 인클루지오 안에서 핵심 구절로 볼 수 있습니다.[18] 이 세 구절은 모두 '왜냐하면'을 뜻하는 히브리어 '키'(כי)로 시작합니다. 31절과 33절을 '왜냐하면'으로 시작하고, 32절을 '그렇지 않고'로 시작하면 본문의 의미가 더욱 명확해집니다.

그런데 당시에도 사람들 간의 부조리가 많았습니다(애 3:34-36). 하나님께서는 그 모든 것을 알고 계셨지만 그것은 하나님이 기뻐하시는 일이 아니었습니다. 그리고 지금은 하나님께서 관여하실 때가 되어 그들의 입장에서는 고난이라고 생각하는 상황을 만나게 된 것입니다.

---

18 라이트, 『예레미야애가』, 160.

적용 도움

죄를 짓고 사는데 아무 일도 일어나지 않는다고 해서 마음을 놓고 있으면 안 됩니다. 단지 하나님은 적당한 때를 기다리고 계신 것일지도 모릅니다. 이스라엘이 죄를 지은지 오래되었는데 왜 이제 와서야 하나님의 심판이 내립니까? 하나님께서 관여하실 때라고 판단하셨기 때문입니다. 그러므로 인간의 어리석은 판단으로, 죄악된 상태를 방치한 채 넋을 놓고 사는 것은 굉장히 미련한 일입니다.

공동 기도

주님, 죄를 짓고 사는데 누구도 막지 않고, 방해도 일어나지 않는다고 해서 하나님이 잠시 묵인하고 계시다는 착각에 빠지지 않도록 도와주소서. 언제나 하나님 앞에 서 있는 인생임을 잊지 않게 도와주소서. 주님 다시 오실 때까지 죄와 싸우되 끝까지 싸울 수 있는 힘과 용기를 주옵소서.

34 세상에 있는 모든 갇힌 자들을 발로 밟는 것과
35 지존자의 얼굴 앞에서 사람의 재판을 굽게 하는 것과
36 사람의 송사를 억울하게 하는 것은 다 주께서 기쁘게 보시
는 것이 아니로다

묵상 및 적용

....

....

....

....

....

....

....

....

....

....

개인 기도

....

....

....

묵상 도움

하나님께서는 사람들이 했던 악한 행동을 보지 않으셨습니다. 이는 의도적인 하나님의 결정이었습니다. 정의와 공의의 하나님께서 보고 계셨다면 이런 악한 일이 일어나지 않았을 것입니다. 하지만 하나님이 보고 계심에도 불구하고 보지 않으셨다는 것은 지금 일어나는 일을 하나님께서 허락하셨다고 생각할 수밖에 없습니다. 시인과 이스라엘은 반복해서 표현하지만 지금의 고난이 하나님으로부터 온 것임을 너무 잘 알고 있었습니다.

그런데 반대로 악한 일을 행하고 있음에도 아무런 문제가 발생하지 않는 것을 본 이방인들은 어떻게 생각했을까요? 하나님이 허락하셨기 때문에 자신들이 승리를 거머쥘 수 있었다고 인정했을까요? 전혀 그렇지 않았을 것입니다. 그들은 하나님이 보시든 보시지 않든 아무런 생각도 하지 않고 행동했을 것입니다. 악한 일을 행하는 자들의 대부분의 생각이 이와 같습니다. 그들은 하나님이 보고 계시다는 생각을 아예 하지 않습니다. 그러니 자유롭게 악을 행합니다. 그런데 생각해보면 이스라엘도 그랬습니다. 구약 성경에서 정말 많이 등장하는 단어가 '하나님 앞에서'입니다. 늘 그 생각을 가지고 살았어야 했는데 어느 순간부터인지는 모르지만 이스라엘은 하나님이 보고 계시다는 사실을 완전히 잊은 채 살았습니다.

그러니 더 자유롭게 죄를 짓고, 힘없는 자들을 짓밟고, 공의와 정의를 사라지게 만들고, 억울한 자를 더 억울하게 만드는 일을 행하고 말았습니다. 그들은 재빨리 착각에서 벗어났어야 합니다. 지금 하는 일을 누가 막아서거나, 갑작스러운 고난이 닥치거나 하는 등의 방해 행위가 없다고 해서 하나님께서 그 일을 마치 허락하신 것처럼 생각해서는 안됩니다. 그게 자연스러워지면 하나님이 언제나 보고 계시다는 사실을 잊게 되고, 언제나 하나님 앞에 서 있다는 사실을 잊게 됩니다. 그렇게 악한 길로 빠집니다.

다른 한편으로 마지막 절을 의문문으로 볼 수도 있습니다. 그렇다면 하나님은 이런 악한 행위들을 보실 수밖에 없다는 결론에 도달합니다. 정의와 공의의 하나님이 보신다면 이와 같은 악을 행하는 자들의 결과는 뻔합니다. 하나님의 보심은 그만큼 중요한 주제입니다.

적용 도움

하나님이 언제나 보고 계시다는 사실은 우리에게 큰 두려움을 주는 것 같지만 우리를 바르게 살도록 합니다. 하나님이 보고 계신데 어찌 악을 사랑하고, 억울한 자를 외면하고, 정의와 공의를 무시한 채 살아갈 수 있을까요? 하나님이 항상 우리를 보고 계시며, 우리는 하나님 앞에 서 있다는 사실을 잊지 맙시다.

공동 기도

주님, 언제나 하나님 앞에서 살아간다는 두렵고 떨림을 가지고 살게 하옵소서. 그러나 그것이 단순한 두려움이 아닌, 삶을 바로 살아가게 하시려는 하나님의 마음임을 깨닫게 하옵소서.

37 주의 명령이 아니면 누가 이것을 능히 말하여 이루게 할 수 있으랴
38 화와 복이 지존자의 입으로부터 나오지 아니하느냐
39 살아 있는 사람은 자기 죄들 때문에 벌을 받나니 어찌 원망하랴

묵상 및 적용

개인 기도

묵상 도움

오늘 이 본문은 하나님으로부터 이 모든 일이 일어났음을 너무나 정확하게 인정하고 있습니다. 마치 욥의 고백을 생각하게 합니다. 욥은 주신 이도 '여호와', 가져가시는 분도 '여호와'라고 고백하며 인간은 빈 손으로 와서 빈 손으로 가는 인생이라고 말했습니다. 우리에게 주어진 것은 모두 하나님으로부터 왔기 때문에 주인이 우리가 아닌 하나님이라는 고백입니다. 그렇기에 지금의 '화'가 하나님으로부터 온 것이라면 이 모든 일을 회복할 수 있는 '복'도 하나님으로부터 올 수밖에 없습니다. 아무것도 할 수 없기에 애통하며 울 수밖에 없다는 것이 1-2장에 반복해서 나타났다면, 3장에서는 이제 자리를 털고 일어나서 해결할 수 있는 분께 매달려 보자고 권면합니다. 가만히 있는다고 문제가 해결되지 않습니다. 하나님의 화가 시간이 지나면 알아서 누그러지기 때문에 자연스럽게 회복이 올 것이라고 말하지도 않습니다. 이 고난의 끝에서 회복으로 전환하기 위해선 하나님의 도우심이 절대적으로 필요합니다.

당장 지금 겪는 고통 때문에 하나님을 원망하는 자들이 있었을 것입니다. 하나님께서 지켜주신다고 말씀하셨고, 보호해 주신다고 하셨고, 외면하지 않으신다고 하셨는데 어떻게 이런 일이 일어날 수 있는가를 심각하게 받아들였을 것입니다. 이렇게 원망하는 자들은 보통 자신의 죄를 인정하지 않습니다. 문제의 원인을 항상 다른 곳에서만 찾으려고 합니다. 자신의 책임은 완전히 무시한 채 누군가에게 책임을 묻고, 그를 향해 심한 타격의 말을 던지면서 상황을 모면하려고 합니다. 하지만 39절은 '자신을 보라!'고 강력하게 말합니다. 자신 때문에 일어난 일을 두고 누구를 원망할 수 있겠습니까?

애가를 반복해서 읽다 보면 결국 나 자신이 하나님 앞에 바짝 엎드려야 한다는 사실을 깊이 깨닫게 됩니다. 나의 죄 때문에 하나님은 책임을 물으실 수도 있습니다. 하지만 그 이후에 회복의 길이 열립니다. 내 존재를 바로 알고, 나의 부족하고 죄 많은 삶을 인정하며 하나님 앞으로 나아가는 것이 필요합니다. 아무리 책임을 다른 곳으로 돌리려 한들 모든 것을 아시는 하나님 앞에서 감출 수 있는 것은 없습니다.

적용 도움

고난의 시기에 하나님 앞에 바짝 엎드려 자기 자신을 바로 볼 수 있는 겸손함이 필요합니다. 원인이 자신에게서 시작될 때가 생각보다 많을 수 있습니다. 이스라엘이 행한 죄로 인해 고난을 당했던 것처럼 우리에게도 같은 일이 벌어질 수 있습니다. 하지만 겸손하게 자신의 죄와 부족함을 인정하며 하나님께 나아가는 자들에겐 그 상황이 끝이 아닙니다. 하나님께서 반드시 회복시켜 주실 것입니다.

공동 기도

주님, 고난과 같은 특별한 상황을 만났을 때 자기 자신을 먼저 되돌아볼 수 있는 겸손함을 주옵소서. 항상 다른 사람, 주변 환경 등을 탓하며 책임으로부터 자유로워지려고 했던 이기적인 모습을 변화시켜 주옵소서.

40 우리가 스스로 우리의 행위들을 조사하고 여호와께로 돌아
가자
41 우리의 마음(בּפַיִם)과 손을 아울러 하늘에 계신 하나님께 들자
42 우리의 범죄함과 우리의 반역함을 주께서 사하지 아니하시고

묵상 및 적용

개인 기도

묵상 도움

시인과 공동체는 고난을 경험하면서 다양하게 반응했을 것입니다. 하나님을 원망했고 주변의 환경과 누군가를 탓하기도 했을 것입니다. 하지만 그럴수록 이 고난은 자신들의 죄로 인해 하나님께서 내리신 형벌임을 더욱 명확히 알게 되었을 것입니다. 그러기에 그들이 할 수 있는 마지막 반응이 바로 이 애가였습니다. 그런데 거기에서 멈출 수 없었습니다. 조금씩 조금씩 하나님을 바라봐야 한다는 마음으로 변화하고 있었습니다. 그리고 그런 생각의 변화가 일어날수록 하나님의 본심을 더 확실히 알게 되었습니다. 그리고 이제 시인이 소망하는 것이 오늘 본문입니다. 그들은 자신들의 삶의 길을 검토하며 바른 길을 찾아내길 소망했습니다. 왜냐하면 여호와께 돌아가기 위해서입니다. 애가뿐만 아니라 구약성경에서 자주 등장하는 '길'은 '삶의 여정'과 깊은 관련이 있을 때가 많습니다. 고난을 당하는 이들이 삶의 여정인 길을 검토하며 어디에서부터 무엇이 잘못되었는지를 하나씩 찾아내고 싶어 했습니다. 그리고 궁극적으로는 여호와께 돌아가고 싶어 했습니다. 모든 경험 끝에 그들이 얻게 된 결론이었습니다. 이 결론은 너무나 정확합니다! 그들이 살 수 있는 길은 오로지 이 방법밖에 없었고 이제야 찾았습니다!

그래서 실제로 어떻게 행동하면 좋을지 41절에서 말하고 있는데 마음과 손을 하늘의 하나님을 향하여 드는 것입니다. 손을 드는 행위는 도움을 호소하는 고백입니다. 마음을 든다는 것은 자신의 결정 권한을 하나님께 둔다는 의미처럼 들립니다. 왜냐하면 마음이라는 히브리어 '레바브'(לֵבָב)는 행동의 결정을 내리는 기관으로 고대인들에게 인식되어 있기 때문입니다. 현대인들의 뇌와 같은 곳이죠. 자신의 결정권, 자신이 스스로 해결할 수 있다는 교만함을 전능하신 하늘의 하나님을 향하여 들어 올리는 것입니다. 이것이 우리가 해야 할 일입니다.

적용 도움

신앙의 어떤 위기를 만나든, 삶에서 하나님이 주신 교육의 일환으로 어떤 경험을 하든 우리가 깨닫게 되는 결론은 하나일 것입니다. 하나님 외에는 지금 이 문제를 해결하실 수 있는 존재가 없다는 것입니다. 인간이 가장 지혜로운 방법을 찾았다 해도 하나님이 해결하시지 않으면 문제는 풀리지 않습니다. 내 힘으로 할 수 있다고 끝까지 해봐야 힘만 빠질 뿐입니다. 우리의 손과 마음을 들어 하늘의 하나님을 의지합시다.

공동 기도

주님, 스스로 지혜롭다 여기는 교만함을 내려놓고 겸손히 우리의 마음을 주님께 드립니다. 스스로 해결할 수 있다고 생각한 자만심을 내려놓고 손을 들어 주님의 도우심을 구합니다. 도와주옵소서.

43 진노로 자신을 가리시고 우리를 추격하시며 죽이시고 긍휼을 베풀지 아니하셨나이다
44 주께서 구름으로 자신을 가리사 기도가 상달되지 못하게 하시고
45 우리를 뭇 나라 가운데에서 쓰레기와 폐물로 삼으셨으므로

묵상 및 적용

개인 기도

묵상 도움

이 본문은 앞서 등장한 용어들을 반복 사용하여 하나님의 진노에 의해서 심판이 일어났다는 사실을 요약합니다. 특히 43절이 정확한 요약입니다. 시인과 공동체는 바벨론에 의해 고통당했을 것이지만 이 모든 일을 행하신 분이 하나님이심을 알고 있었습니다. 하나님께서 진노하시고 긍휼을 베풀지 않으셨기에 자신들이 추격당하고 죽임 당한 현실을 말하고 있습니다. 그들이 경험한 정확한 현실입니다.

44절은 구름 속에 자신을 가리신 하나님을 묘사합니다. '구름'과 비슷한 주제가 애가에 자주 등합니다. 즉, 구름은 출애굽 당시에는 하나님의 임재와 은혜의 상징이었지만 이제는 심판의 상징입니다. 이스라엘은 구름을 보며 하나님의 은혜를 생각했을 것입니다. 하지만 그저 겉만 바라보고 있습니다. 구름은 하나님이 일하시는 하나의 현상일 뿐 그 가운데 계시는 하나님을 봐야 합니다. 그런데 하나님은 구름 속에 자신을 가리셨습니다. 사람들은 지금의 상황과 환경을 벗어나는 것, 자신을 옭아매고 있는 현실의 압박으로부터 자유로워지는 것을 원합니다. 이를 구름에 빗댄다면 우리는 그저 구름만 원합니다. 지금의 상황만 모면하면 된다는 생각만 합니다. 그래서 은혜의 상징인 구름만 바라볼 뿐 정작 하나님은 보지 못하는 경우가 많습니다. 그러기에 시인은 현상만 바라고 하나님은 안중에도 없는 이스라엘의 어리석음을 꼬집고자 구름 속에 가리신 하나님을 표현한 것은 아닐까요?

좀 더 살펴보면 하나님은 기도를 듣지 않으시고자 숨으셨다고 말합니다. 마치 십자가에서 예수님이 외치셨던 절규를 외면하신 하나님이 생각납니다. 예수님의 기도인데 하나님께서는 그의 절규를 듣지 않으셨고 아무런 반응도 하지 않으셨습니다. 십자가의 일을 완성하시기 위해서였습니다. 예수님도 이를 알고 계셨습니다. 하지만 인간이 겪을 수 있는 최고의 고통을 겪는 와중에 누구에게 속 마음을 터 놓을 수 있겠습니까? 결국 하나님이죠. 그래서 외쳤습니다. 못 믿어서도, 원망하기 위해서도 아닙니다. 모든 것을 아시는 분이 하나님이셨기 때문입니다. 애가의 상황도 마찬가지일 수 있습니다. 하나님의 무응답, 그것은 이스라엘에게 꼭 필요한 상황이었습니다.

45절의 '쓰레기'와 '폐물'은 구약성경에서 이곳에만 등장합니다. 죄로 인한 하나님의 심판의 결과는 아무도 그들에게 다가가지 않는 것입니다. 이들(우리)은 다가가고 싶지도 않은 존재가 되었습니다.

적용 도움

1. 고난의 순간을 지날 때 우리는 빨리 그 순간이 끝나기를 원합니다. 그러다 보니 정작 집중해야 할 것을 못 보는 경

우가 많습니다. 기적과 같은 일을 기대하는 것이 옳을까요? 그 일을 행하시는 하나님을 보는 것이 옳을까요? 오늘 본문을 묵상하며 우리의 신앙의 시선을 교정합시다.

2. 모든 상황이 다 그러진 않지만 어떤 상황이 때론 우리에게 필요한 상황일 수 있습니다. 이를 어떻게 알 수 있을까요? 우리가 하는 기도의 대부분은 '우리가 필요로 하고 원하는 간구'입니다. 하지만 기도가 깊어지면 나의 필요보다 '하나님의 마음'에 집중하게 됩니다. 그래서 하나님의 행하심이 무엇인지 생각하며 그 일에 순종하고, 그 일을 받아들이게 됩니다. 하나님의 마음을 아는 것이 쉽지 않기에 우린 끊임없이 기도하며 하나님께 나아가야 합니다.

공동 기도

주님, 오늘 우리가 바라보는 것이 무엇인지 생각해 봅니다. 이 땅에서 우리가 보고 느낄 수 있는 현상과 상황에만 몰두하느라 크신 하나님을 보지 못할 때가 많습니다. 우리의 눈을 들어 하나님을 바라보고, 하나님께 집중할 수 있는 신앙을 가질 수 있도록 도와주소서. 또한 우리에게 주어진 상황과 경험하는 일들이 때론 하나님의 선하신 계획 가운데 있을 줄 압니다. 기도를 통해 그 순간에도 말씀하시는 하나님의 음성에 귀를 기울이게 하옵소서.

46 우리의 모든 원수들이 우리를 향하여 그들의 입을 크게 벌렸나이다
47 두려움과 함정과 파멸과 멸망이 우리에게 임하였도다
48 딸 내 백성의 파멸로 말미암아 내 눈에는 눈물이 시내처럼 흐르도다
49 내 눈에 흐르는 눈물이 그치지 아니하고 쉬지 아니함이여
50 여호와께서 하늘에서 살피시고 돌아보실 때까지니라
51 나의 성읍의 모든 여자들을 내 눈으로 보니 내 심령이 상하는도다

묵상 및 적용

개인 기도

....

....

....

묵상 도움

여호와께서 돌아보실 때까지 이런 일이 계속될 것이라는 시인의 말은 마치 단념하고 포기하라는 말처럼 들립니다. 하지만 여기에는 시인의 의지가 있습니다. 하나님께서 보시고 구원의 역사를 시작하셔서 고난이 끝날 때까지 자신은 '기도'하겠다는 의지입니다! 지금의 고통스러운 상황을 그도 공유하고 있지만 그저 앉아서 끝나기만을 기다리며 가만히 있지는 않을 것이라는 말입니다. 그는 일어나서 기도했습니다. 하나님을 찾았습니다. 마음과 손을 올려드렸습니다. 외쳤습니다. 탄원했습니다. 그가 할 수 있는 모든 것을 다해 포기하지 않고 하나님께 매달렸습니다. 왜냐하면 하나님의 본심이 이스라엘을 고통 속에 끝내버리시는 게 아님을 알기 때문입니다.

우리의 기도가 그렇습니다. 기도를 통한 변화는 생각보다 단시간에 일어나지 않습니다. 무언가 획기적인 변화가 일어나지 않을 수도 있습니다. 언제 어떻게 상황이 변할지 장담할 수 없습니다. 하지만 많은 이들이 그 순간에도 포기하지 않고 기도해 왔습니다. 왜냐하면 하나님을 신뢰하기 때문입니다. 그리고 무엇보다 지금의 상황을 해결할 수 있는 분은 오직 하나님밖에 없음을 잘 알기 때문입니다. 한 예로 요나를 봅시다. 그는 큰 물고기 뱃속에서 기도를 시작했습니다. 그리고 마치 이미 구원에 이른 것처럼 기도했습니다. 하지만 그의 상황은 나아진 것이 없었습니다. 아직도 여전히 물고기 뱃속입니다. 그런데 그는 하나님을 신뢰했습니다. 하나님을 향한 신뢰가 우리의 감정이나 눈에 보이는 환경에 따라 큰 파도가 치듯이 흔들리고 있다면 우리는 조금 더 성숙해질 필요가 있습니다. 시인도 이 과정에 오기까지 시간이 걸렸을 수 있습니다. 하지만 지금은 끝까지 하나님을 신뢰하며 기도할 것이라고 다짐합니다.

언제까지 기도할지 모릅니다. 시인 스스로도 잘 모를 것입니다. 다만 이 사실 하나를 알고 있기에 기도합니다. 하늘의 하나님께서 돌보시고 살피신다면 모든 것이 끝날 것이라는 사실 말입니다.

적용 도움

우리의 기도 제목도 오래된 내용들이 있을 것입니다. 언제까지 기도해야 하냐고 스스로에게, 주변에게, 하나님에게 묻고 있을 수도 있습니다. 누가 그 시기를 정확하게 말해줄 수 있겠습니까? 하지만 하나님께서 움직이신다면 분명히 역사는 일어납니다. 눈에 보이는 상황 그리고 기분과 감정에 따른 변화 때문에 하나님을 향한 신뢰와 믿음이 흔들리지 않기를 바랍니다. 조금만 더 힘내시길 바랍니다. 하나님을 신뢰한다면 말입니다.

공동 기도

주님, 주님을 신뢰할 수 있는 마음과 신앙이 더 깊어지고, 더 성숙해질 수 있기를 간구합니다. 눈에 보이는 상황, 지금 느끼는 감정, 주변의 시선과 말들 때문에 하나님을 향한 신뢰가 흔들이지 않도록 도와주십시오. 그래서 끝까지 기도할 수 있는 마음을 주옵소서. 기도를 포기하지 않도록 도와주소서.

52 나의 원수들이 이유없이 나를 새처럼 사냥하는도다
53 그들이 내 생명을 끊으려고 나를 구덩이에 넣고 그 위에 돌을 던짐이여
54 물이 내 머리 위로 넘치니 내가 스스로 이르기를 이제는 멸절되었다 하도다
55 여호와여 내가 심히 깊은 구덩이에서 주의 이름을 불렀나이다
56 주께서 이미 나의 음성을 들으셨사오니 이제 나의 탄식과 부르짖음에 주의 귀를 가리지 마옵소서

묵상 및 적용

개인 기도

....

....

....

묵상 도움

본문에서 시인은 자신이 현재 처한 상황에서 하나님에 대해 어떤 믿음을 가지고 있는지를 고백합니다. 시인과 공동체는 사냥당한 새와 같습니다. 잡힌 그들은 생명의 위협을 느끼며 구덩이에 갇혔습니다. 그들을 사로잡은 자들은 구덩이에서 나오지 못하도록 돌을 넣고 물을 넣습니다. 나갈 수 있는 조금의 틈도 찾을 수 없는 상태입니다. 상상만 해도 숨이 막혀오는 급박한 상황입니다. 시인은 생명의 위협이 느껴지는 급박한 현 상황에서 주님을 찾습니다. 물에 갇힌 상태와 그 속에서의 부르짖음은 마치 요나를 생각나게 합니다. 요나는 큰 물고기 뱃속에 들어갔을 때 물이 자신의 영혼을 둘렀고 산의 뿌리, 즉 죽음의 세계까지 내려갔었다고 기도했습니다(욘 2:5-6). 시인 또한 요나와 같이 물이 거의 목까지 차올라 아주 위험한 상태를 경험하고 있습니다. 하지만 요나는 거의 죽음의 상태에 다다른 자신을 하나님께서 구원하셨다고 고백합니다. 같은 마음으로 시인도 기도하고 있습니다. 시인은 자신의 외침을 하나님께서 언제나 듣고 계시다는 믿음을 가지고 있었습니다. 이제 그에게 남은 것은 하나님의 '응답'입니다.

요나 이야기와 오늘 본문의 공통점은 죽음의 세계에 내려간 것과 같은 시인의 상황을 표현하는 것과 주님께서 그의 음성을 들으신 것, 구덩이에서 건지셨다는 동사가 모두 완료형으로 쓰였다는 것입니다. 그런데 이 상황이 독특합니다. 요나는 자신이 구원받았다고 기도하고 있지만 아직 큰 물고기 뱃속에 있습니다. 아직 바다 안에 있습니다. 그런데 무슨 구원을 받았습니까? 애가의 시인은 어떻습니까? 주의 이름을 불렀고, 주께서 자신의 음성을 들으셨다고 말하는데 상황이 회복되었습니까? 그렇지 않습니다. 여전히 폐허 속에 살아가고 있을 뿐입니다. 그런데 어떻게 이미 일어난 것처럼 '완료형'으로 기도하고 있을까요? 아직 상황이 해결되지 않았음에도 이런 고백이 나올 수밖에 없었던 것은 주의 '성실'(에무나, אֱמוּנָה)에 대한 신뢰 때문입니다. 오래전부터 기도자들이 최악의 상황에서도 기도가 나올 수 있었던 것은 하나님의 성실에 기인합니다. 그것을 믿기에 당장의 상황이 변하지 않아도 괜찮았습니다. 상황이 하나님을 향한 신뢰를 무너지게 하지 않았습니다.

적용 도움

상황 때문에 흔들리지 않는 믿음이 필요합니다. 감정 때문에 흔들리지 않는 믿음이 필요합니다. 기도의 사람들은 눈앞에 보이는 그 어떠한 상황 때문에 섣불리 하나님의 응답을 판단하지 않았습니다. 하나님의 성실하심을 향한 신뢰가 그들의 기도의 힘이었습니다.

공동 기도

주님, 상황과 감정 때문에 몇 번이고 흔들리는 우리의 믿음을 붙잡아 주소서. 또한 하나님의 뜻을 쉽게 판단하려고 했던 성급한 마음 또한 붙들어 주옵소서. 하나님의 성실에 기대어 기도하며 살아가는 기도의 사람이 될 수 있도록 도와주소서.

57 내가 주께 아뢴(קָרָא) 날에 주께서 내게 가까이 하여 이르시되 두려워하지 말라 하셨나이다

묵상 및 적용

....

....

....

....

....

....

....

....

....

....

....

개인 기도

....

....

....

묵상 도움

시인은 하나님을 불렀던 과거를 회상합니다. 눈여겨볼 것은 '아뢴'(카라, קרא)이라는 동사의 시제가 미완료로 사용되었다는 점입니다. 히브리어에서 미완료 용법은 과거에 주기적 또는 때때로 반복된 동작이나 사건 등을 의미하기도 합니다. 이 본문에선 시인이 하나님을 부를 때마다 하나님께서 가까이 오셨음을 의미합니다.[19] 과거에 하나님을 경험했던 순간들이 지금 기도하는 데 힘이 되어 다시 한번 하나님을 찾습니다.

고통 가운데 하나님의 이름을 부르며 외쳤던 화자에게 응답하시는 한 마디는 '두려워하지 말라'입니다. 이 말은 하나님께서 아브라함에게 아들의 약속을 주시기 위해 나타나셨을 때(창 15:1), 하나님이 하갈을 만나러 오셨을 때(창 21:17), 브엘세바에서 이삭을 만나셨을 때(창 26:24), 야곱이 애굽으로 내려가고 있을 때(창 46:3) 등 성경 여러 곳에서 아주 많이 등장합니다. 구약성경에 등장했던 이 말은 모두 걱정, 염려, 두려움, 불안 등의 길을 걸을 때 주인공들의 귀에 들렸다는 공통점이 있습니다. 하지만 문제는 애가 본문에서 이 말이 과연 하나님의 응답일지는 명확하지 않다는 것입니다. 하나님의 응답일 수도 있고, 기억과 경험 속에 남아 있는 시인이 선포한 목소리일 수도 있습니다. 어찌 보면 두 가지 모두 해당되

---

19 Salters, *Lamentations*, 269.

지 않을까요? 이는 보이는 듯, 느껴지는 듯, 들리는 듯하지만 확실치 않으면 장담할 수 없다고 생각하는 포스트모더니즘 시대에 침묵을 깨고, 하나님은 결코 침묵하시는 분이 아니라는 믿음을 가지라고 우리에게 말하는 것처럼 들립니다.[20] 무엇보다 시인이 이런 소망을 가질 수 있는 것은 하나님과 관련된 과거의 경험이 있기 때문입니다.[21] 하나님은 언제나 신실하시기 때문에 과거에 역사하셨던 하나님은 지금도 역사하십니다. 그분은 언제나 변함없으십니다. 그렇기에 시인이 다시한번 하나님께 나아갈 수 있었던 것 아닐까요?

이처럼 신앙인에게는 하나님에 대한 경험이 중요합니다. 이런 위기의 순간에 반응해야 할 믿음이 신앙의 경험을 통해 만들어지기 때문입니다. 우리는 언제 하나님을 경험할 수 있을까요? 매일 혹은 매 순간이지 않을까요? 그런데 우리는 그것을 너무 느끼지 못하고 있습니다. 그러니 하나님을 경험한 지가 너무 오래입니다.

20 Jerry A. Gladson, "Postmodernism and the Deus absconditus in Lamentations 3," *Bib* 91, no. 3 (2010), → : 321–34.

21 Salters, *Lamentations*, 270.

적용 도움

시인은 자신의 과거 경험 안에 하나님을 찾으면 언제나 응답하셨음이 자리하고 있습니다. 그리고 그때마다 '두려워하지 말'라고 말씀하셨던 음성도 또렷이 기억하고 있습니다. 우리는 어떻습니까? 어떤 신앙의 경험이 기억에 남아 있습니까? 그것이 지금의 신앙에 큰 힘이 되고 있습니까?

공동 기도

주님, 신앙의 감각이 너무 무뎌져 하나님을 경험한 지도 언제인지 모를 때가 많은 우리를 불쌍히 여겨 주옵소서. 날마다 우리 곁에 계신 하나님을 느끼게 하옵소서. 하나님을 경험함이 그리고 우리에게 응답하심이 우리의 신앙을 성숙하게 함을 믿습니다. 우리의 신앙이 더욱 성숙해져서 어떤 시대와 상황이 우리 앞에 오더라도 믿음이 흔들리지 않도록 도와주소서.

58 주여 주께서 내 심령의 원통함을 풀어 주셨고(ריב) 내 생명을 속량하셨나이다(גאל)

59 여호와여 나의 억울함을 보셨사오니(ראה) 나를 위하여 원통함을 풀어주옵소서

60 그들이 내게 보복하며 나를 모해함을 주께서 다 보셨나이다 (ראה)

61 여호와여 그들이 나를 비방하며 나를 모해하는 모든 것

62 곧 일어나 나를 치는 자들의 입술에서 나오는 것들과 종일 나를 모해하는 것들을 들으셨나이다(שמע)

63 그들이 앉으나 서나 나를 조롱하여 노래하는 것을 주목하여 보옵소서

64 여호와여 주께서 그들의 손이 행한 대로 그들에게 보응하사

65 그들에게 거만한 마음을 주시고 그들에게 저주를 내리소서

66 주께서 진노로 그들을 뒤쫓으사 여호와의 하늘 아래에서 멸하소서

묵상 및 적용

....

....

....

....

....

....

....

....

개인 기도

묵상 도움

3장의 마지막 부분에 해당하는 이곳은 상당히 중요합니다. 왜냐하면 하나님께서 이루실 '회복'과 관련하여 등장하는 동사가 모두 '완료형'(58절-풀어주다: 라브, רִיב ; 속량하다: 가알, גָּאַל / 59절-보다: 라아, רָאָה / 60절-보다: 라아, רָאָה / 62절-듣다: 샤마, שָׁמַע, 원문에는 이 동사가 61절에 있음)으로 사용되었기 때문입니다. 애가의 여러 본문에서 반복해서 보고 있는 것처럼 현재 시인과 공동체는 어려움을 겪고 있습니다. 그 고통은 말로 다 할 수 없습니다. 참혹한 상황이며 매일 생명의 위협을 느끼고 사는 중입니다. 그 고난 때문에 시인은 지금 애가를 부르고 있는 것입니다. 그런데 어떻게 하나님의 회복이 이미 일어났다고 기도할 수 있을까요? 그것도 이미 일어난 일처럼 완료형의 시제로 말할 수 있을까요? 이것은 그저 시인이 바라는 막연한 희망을 표현한 것에 불과할까요?

　프로반(Iain W. Provan)은 이에 관해 시인이 기원적 완료

(Prevative Qatal)를 사용하고 있다고 주장합니다. 이는 예언적 완료와 비슷하게 아직 일어나지 않았지만 일어난 일처럼 표현하는 것입니다. 예언적 완료는 하나님의 심판을 설명할 때 사용합니다. 기원적 완료는 시인이 기도하는 하나님의 회복이 일어나기를 소망하며 사용한 표현입니다.[22] 달스–알삽도 비슷하게 주장했는데, 이 본문은 완료를 기원하는 명령형으로 번역해야 한다고 설명했습니다(예, 나의 탄식을 들으셨습니다 → 나의 탄식을 들으소서).[23] 예언적 완료는 하나님의 말씀이었기에 반드시 일어날 일이었고, 그리고 실제로 일어났습니다. 그렇기에 애가에서 시인도 예언적 완료처럼 반드시 일어난다는 믿음으로 기도했을 것입니다. 예언적 완료와 차이가 있다면 하나님의 말씀인가, 개인의 기도인가의 차이입니다. 하나님의 말씀은 반드시 일어나고 개인의 기도는 하나님의 최종 결정을 통한 응답이 있어야 합니다.

이런 시인의 기도를 통해 우리가 본받아야 할 기도의 모습은 바로 '믿음'으로 하는 기도입니다. 응답은 하나님께 있음을 인정하며 이 또한 '믿음'으로 기다려야 한다는 것입니다.

22　Iain W. Provan, "Past, Present and Future in Lamentations III 52–66: The Case for a Precative Perfect Re-Examined," *VT* 41, no. 2 (1991): 164–75; 최근에 스톤은 이 의견을 지지하며 의견을 보탰다. Mark P. Stone, "(More) On the Precative Qatal in Lamentations 3.56–61: Updating the Argument," *JSOT* 45, no. 4 (2021): 493–514.

23　달스–알삽, 『예레미야애가』, 221.

적용 도움

우리의 기도에는 믿음이 있나요? 예수님께서도 "예수께서 그들에게 대답하여 이르시되 하나님을 믿으라. 내가 진실로 너희에게 이르노니 누구든지 이 산더러 들리어 바다에 던져지라 하며 그 말하는 것이 이루어질 줄 믿고 마음에 의심하지 아니하면 그대로 되리라. 그러므로 내가 너희에게 말하노니 무엇이든지 기도하고 구하는 것은 받은 줄로 믿으라 그리하면 너희에게 그대로 되리라"(막 11:22-24)고 말씀하셨습니다. 기도는 믿음으로 해야 합니다. 지금 어려움과 고난 중에 있다면 하나님께서 회복시켜 주실 것을 믿음으로 선포하며 기도하십시오! 하지만 동시에 그 응답은 하나님께 있다는 사실 또한 기억하십시오. 그게 기도자의 바른 자세입니다.

공동 기도

주님, 지금 우리가 겪는 괴로움의 상황을 해결해 주실 것을 믿습니다. 육체, 마음의 질병을 주께서 치료하실 줄 믿습니다. 이 모든 일을 이루신 하나님께 찬양하게 될 줄 믿습니다. 우리의 믿음을 붙잡아 주소서. 또한 응답을 경험한 우리가 우리의 노력에 의해서 주어진 것이 아닌 하나님의 은혜로 주어졌다는 사실을 기억하며 겸손하게 살아가게 하소서.

애가

4장

° 4장을 묵상하기 전에

4장의 분위기는 3장과는 사뭇 다르게 진행됩니다. 3장에서는 어느 정도 회복의 기미가 보이는 것 같았지만, 4장에서는 다시 깊은 애가에 빠집니다. 4장은 1, 2장과 같이 '에카'(אֵיכָה/아!, 어찌하여, 슬프다)로 시작합니다. 그러다가 4장의 마지막 부분에서는 약간의 희망의 메시지가 보이는 것 같습니다. 하지만 크지 않습니다.

4장에서는 정말 특별한 단어가 등장합니다. 이 단어는 구약성경 전체에서 예레미야에 가장 많은 빈도인 아홉 번(렘 4:11; 6:26; 8:11, 19, 21, 22, 23; 9:6; 14:17), 애가에서는 4장에서만 세 번(4:3, 6, 10) 등장합니다. 그 단어는 다름 아닌 '딸내 백성'(바트-암미, בַּת־עַמִּי)입니다. 4장을 묵상하다가 이 단어가 보인다면 잠시 멈추어 그 부분을 깊이 생각해 보시길 제안합니다.

4장을 읽다보면 시인이 노래를 부르고 있지만, 마치 하나님께서 말씀하시는 것 같다는 느낌이 듭니다.[1] 그래서 라이트(Christopher J. H. Wright)는 시인이 하나님께 탄원하는 중이지만 하나님의 탄식으로 읽는 것도 가능하다고 봅니다. 이스

---

[1] 예레미야에서도 예레미야의 말인지, 하나님의 말씀인지 분간하기 어렵다. 라이트, 『예레미야애가』, 190.

라엘이 현재 당하고 있는 고난은 그들의 죄 때문입니다. 그리고 고난을 주시는 분은 하나님이십니다. 그러나 하나님은 그들의 고통에 아무런 감정을 느끼지 못하는 그런 분이 아닙니다. 애가의 시인을 통해 하나님이 느끼셨던 감정이 그대로 전달되고 있는 중입니다. 이것은 마치 예수님의 모습과도 연결됩니다(눅 13:34-35).[2] 하지만 시인의 감정이 그랬을 뿐 진실로 하나님의 말씀이었다고 보기는 어렵습니다.

---

2 라이트, 『예레미야애가』, 191.

1 슬프다 어찌 그리 금이 빛을 잃고 순금이 변질하였으며 성소의 돌들이 거리 어귀마다 쏟아졌는고
2 순금에 비할 만큼 보배로운 시온의 아들들이 어찌 그리 토기장이가 만든 질항아리 같이 여김이 되었는고

묵상 및 적용

개인 기도

묵상 도움

하나님의 임재가 있었던 시온이 죄로 인해 어떻게 변해 가는 지에 대해서 오늘 본문은 대조를 통해 표현합니다. 1–2절은 성전의 파괴과 시온의 자녀들(어른, 아이 모두)의 죽음을 말합 니다.

'성소의 돌들'을 직역하면 '거룩한 돌들'입니다. 그렇기에 이 단어는 예루살렘 성전에 있었던 돌들이 파괴로 인해 쏟아 져 내린 상태로 생각해 볼 수 있습니다. 또 다른 한편으로 에 머튼(John A. Emerton)의 발견에 따르면 '거룩한 돌들'이라는 단어는 서부 셈족어에 '순수한 돌, 깨끗한 돌, 밝은 돌'이라는 의미의 단어와 관련 있고, 아랍어, 아랍어, 아카디아어 등에 서는 '보석'이라는 단어로 번역되었습니다.[3] 그렇다면 이 맥락 에서 금, 순금 등이 변질한 것과 같은 의미가 이어지고 있다 고 충분히 볼 수도 있습니다. 변질하기 어려운 물질들이 변 질한 것인데, 이 표현은 과연 무엇을 의미하는 것일까요?

이스라엘은 하나님의 선택을 받았습니다. 그들 민족은 하 나님의 은혜를 오랫동안 입었습니다. 때때로 그들이 범죄해 도 하나님은 그들을 버리지 않으셨습니다. 연약해도 하나님 을 향한 믿음만 잘 붙잡으며 살아갔다면 어느 민족보다 큰

---

3   John A. Emerton, "The Meaning of 'abne qodesh in Lamentations 4:1," *ZAW* 79, no. 2 (1967): 232–6.

은혜를 입었을 것입니다. 하지만 그들은 모든 복을 걷어찼습니다. 하나님의 임재와 역사로 인해 주변 민족들도 이스라엘을 보며 부러워하던 시기가 있었는데 그들은 그 주어진 은혜를 다 버렸습니다. 시온, 예루살렘, 성전, 언약궤 등 하나님의 임재의 상징이라 여겨지던 것을 절대로 버리지 않으시겠다는 하나님의 말씀을 믿었는데 너무 어리석게(경각심을 가지지 않고 나태하게) 믿고 있었습니다. 하나님의 선택을 받았기에 그들의 삶은 어떻게 살아도 아무 문제가 없다고 생각했습니다. 하지만 그들의 삶은 엉망이었고 더 이상 하나님의 인내를 기대할 수 없었습니다. 그런데 누군가는 자신의 인생을 돌아보지도 않고, 그저 자신을 버리신 하나님에 대해서만 원망했을 것입니다. 이미 인간을 위해 많은 것을 포기하신 하나님이시고, 자주 넘어져도 우리의 시선을 하나님께 잘 고정하고 있다면 은혜를 입으며 살아갈 수 있었을 텐데 이스라엘은 그러지 않았습니다.

적용 도움

신앙인들의 가장 큰 문제 중에 하나는 '구원의 확신이 있으니 모든 것은 끝났다'라는 착각이 아닐까 싶습니다. 구원의 확신이 우리에게 있다 해도 우리는 최종적인 구원의 날까지 믿음을 지키기 위한 경주를 해야 합니다. 사도 바울도 "그러므로 나의 사랑하는 자들아 너희가 나 있을 때뿐 아니라 더욱 지금 나 없을 때에도 항상 복종하여 두렵고 떨림으로 너희 구원을 이루라"(빌 2:12)고 말했습니다. 신앙의 여정 속에 있는 우리는 우리의 삶이 다하는 날까지 결코 긴장의 끈을 놓아서는 안됩니다.

공동 기도

주님, 구원의 확신이 있다는 이유 하나 만으로 마치 신앙 생활의 모든 것을 다한 것처럼 생각하는 착각에 빠지지 않도록 도와주옵소서. 우리의 믿음과 행함은 결코 떼어놓을 수 없으며, 믿음의 경주가 끝나는 날까지 이 둘 모두를 붙잡고 가야 함을 잊지 않게 하옵소서.

3 들개들도 젖을 주어 그들의 새끼를 먹이나 딸 내 백성은 잔
  인하여 마치 광야의 타조 같도다
4 젖먹이가 목말라서 혀가 입천장에 붙음이여 어린 아이들이
  떡을 구하나 떼어 줄 사람이 없도다
5 맛있는 음식을 먹던 자들이 외롭게 거리 거리에 있으며 이전
  에는 붉은 옷을 입고 자라난 자들이 이제는 거름더미를 안
  았도다
6 전에 소돔이 사람의 손을 대지 아니하였는데도 순식간에 무너
  지더니 이제는 딸 내 백성의 죄가 소돔의 죄악보다 무겁도다

묵상 및 적용

....

....

....

....

....

....

....

개인 기도

....

....

묵상 도움

영원히 하나님의 은혜를 입으며 살 것 같았던 이스라엘은 자신들의 행동으로 말미암아 하나님이 주신 모든 은혜를 저버렸습니다. 그 결과로 그들이 겪는 상황을 3-4절이 또다시 표현합니다.

3절에서는 들개와 광야의 타조를 통해 비유적으로 그들의 상황을 설명합니다. 구약성경에서 들개는 혐오스러운 동물이었으며, 하나님의 심판의 상징이기도 했습니다(시 44:19; 사 13:22; 35:7; 렘 9:11). 좋은 이미지가 없는 그 들개도 자신들의 새끼를 먹입니다. 이는 동물들의 세계에서 자연스러운 현상일 것입니다. 그런데 광야의 타조를 통해 들개와 대조된 모습을 설명하고, 광야의 타조와 같은 존재가 '딸 내 백성', 즉 이스라엘이라고 말합니다. 광야의 타조는 욥기에 등장하는 데 알을 버리는 존재입니다. 즉, 자기 새끼들을 버리는 존재로 등장합니다(욥 39:14-16). 시인은 지금 이스라엘이 그와 같다고 고백합니다.

4절에서 그 상황을 더 구체적으로 설명합니다. 4절은 문자 그대로 아이들에게 먹을 것을 주지 않는 잔인한 부모와 어른을 의미하기도 합니다. 먹을 것을 주지 못하는 것일 수도 있고, 주지 않을 수도 있습니다. 먹을 것이 있어도 일단 자기가 먼저 살고 보자는 매정한 어른이기도 합니다. 하지만 아이에게 주고 싶어도 줄 수 있는 음식이 없는 처절한 상황일 수도 있습니다.

더 나아가 문자적 의미를 넘어 '떡'은 영의 양식일 수도 있습니다. 아이들은 이 상황을 벗어나기 위해 어떻게 해야 하는지 어른들에게 지혜를 구했을 수 있습니다. 아니면 이스라엘은 신앙을 전수하는 전통이 있는 민족이기 때문에 하나님께로 돌아갈 방법을 알려달라고 했을지도 모릅니다. 만약 그렇다면 지금 이들은 말씀을 구하는 그들에게 말씀을 줄 수 없는 상황을 그리고 있는 것은 아닐까요? 왜냐하면 그들은 변질되었기 때문입니다. 하나님의 말씀을 직접 전해줄 수 있는 선지자들을 비롯한 종교 지도자들이 모두 타락했습니다. 신앙을 가지고 있던 어른들도 모두 타락했습니다. 누구도 주의 말씀을 전해주거나, 하나님을 찾을 수 있는 사람이 없습니다. 지금 이스라엘은 영과 육이 모두 굶주려 있는 척박한 상황을 겪고 있는 중입니다.

적용 도움

혹시 공동체 내에서 누군가 우리에게 기도를 부탁한다면 자신있게 하나님께 나아가 기도해 줄 수 있나요? 누군가 주의 뜻이 무엇인지를 고민하며 자신의 속 마음을 털어놓을 때, 함께 주의 뜻을 고민하자고 말할 수 있는 용기가 있나요? 오랜 기간 하나님을 찾지 않다가 갑자기 하나님을 찾을 때 과연 우리의 신앙은 언제나 같은 자리에 있을까요? 이스라엘도 그렇게 생각했을지 모릅니다. 하지만 죄는 그 모든 것을 무감각하게 만들었습니다. 영적인 나눔을 하고 싶어도 할 수 있는 것이 하나도 남아 있지 않았습니다.

공동 기도

주님, 누군가 중보 기도를 요청할 때 힘써 함께 기도할 수 있는 마음을 주옵소서. 주의 뜻을 고민하는 공동체의 지체가 있을 때, 함께 그 뜻을 찾아가는 용기를 가질 수 있도록 도와주소서. 하나님의 말씀, 은혜를 나눌 것이 하나도 없는 공허하고, 텅 빈 자가 되지 않도록 도와주소서.

7 전에는 존귀한 자들(ㄱ집)의 몸이 눈보다 깨끗하고 젖보다 희며 산호들보다 붉어 그들의 윤택함이 갈아서 빛낸 청옥 같더니

8 이제는 그들의 얼굴이 숯보다 검고 그들의 가죽이 뼈들에 붙어 막대기 같이 말랐으니 어느 거리에서든지 알아볼 사람이 없도다

9 칼에 죽은 자들이 주려 죽은 자들보다 나음은 토지 소산이 끊어지므로 그들은 찔림 받은 자들처럼 점점 쇠약하여 감이로다

10 딸 내 백성이 멸망할 때에 자비로운 부녀들이 자기들의 손으로 자기들의 자녀들을 삶아 먹었도다

묵상 및 적용

개인 기도

....

....

묵상 도움

오늘 본문에서는 눈여겨봐야 할 인물인 '존귀한 자들'(7절)
이 등장합니다. 존귀한 자들이 누구일까요? 사람들 사이에
서 존귀하게 여겨지던 자들이라고 한다면 당연히 고위관료
에 해당하는 '높은 자들'을 의미할 수도 있습니다(창 49:26; 신
33:16). 오늘 본문에는 겉으로 화려하게 보였던 그들의 삶이
었지만, 이제는 그렇지 않다는 의미가 담겨 있습니다.[4] 이스
라엘에게 내려진 심판은 지위, 성별, 나이를 불문하고 모두
에게 일어났기 때문에 본문을 이렇게 접근해도 이해하는 데
어려움이 없습니다. 하지만, 존귀한 자들이라는 히브리어 단
어를 보면 다른 이야기도 가능합니다.

이 단어는 바로 '나실인'(나찌르, נָזִיר)을 의미합니다. 한글
번역으로는 '존귀한 자들'이지만, 그 단어는 나실인과 동일합
니다. 그들이 누구입니까? 하나님 앞에 헌신하겠다고 다짐
하고 자신의 삶을 드린 사람들입니다. 하나님의 부름을 받은
특별한 나실인들도 있었지만, 스스로 나실인이 되겠다고 결

---

4   랄레만, 『예레미야·예레미야애가』, 565.

단한 사람들도 이스라엘 공동체에 상당수 있었던 것 같습니다. 빛나던 그들이 어둡게 되었다는 8절을 읽으면 나실인이라도 고난을 당할 수 있다는 의미처럼 읽힙니다. 하지만 본문의 맥락에서 그렇게 읽기는 어렵습니다. 7절에서 그들의 몸이 깨끗하고 희었다는 것은 단순히 피부의 색을 의미하는 것이 아닙니다. 그들의 영적인 상태가 정결했던 과거를 의미합니다. 그렇기에 8절에서 그들이 이제 검게 되었다는 것은 피부색이 아닌, 당연히 영적 타락을 의미합니다.[5] 앞서 이어지는 구절의 맥락에서 볼 때 이 구절도 변질한 헌신자들의 이야기를 그리고 있다고 봐야 할 것입니다. 그리고 그들은 살아남았지만 지독한 현실 앞에서 몸은 점점 쇠하여 가고, 결국 자신의 자녀들을 먹으며 생명을 연장하려고 했던 추악한 모습을 보이게 됩니다.

우리의 신앙을 무너지게 만드는 주요 요소 중에 하나는 녹록지 않은 '현실'입니다. 모든 일이 다 잘되고, 건강하고, 기분이 좋을 때는 마음의 여유도 있고, 신앙도 좋은 것 같지만 조금이라도 어려운 일이 생기면 금방이라도 하나님을 원망하거나 하나님과 관계없는 삶을 살아가려고 합니다. 진짜 믿음은 그때 발견되는 것이 아닐까 싶습니다.

---

5 롱맨 3세, 『예레미야·예레미야애가』, 556.

적용 도움

현실과 기분에 따라 우리의 믿음이 흔들리는 것은 아닌지 점검해 봐야 합니다. 인간의 삶이라면 좋은 일이 있을 때도 있고, 괴롭고 힘겨운 일이 있을 때도 있습니다. 왜 그런지, 이유가 무엇인지 알지 못하고 찾을 수 없는 것이 인간의 삶일 것입니다. 그런데 그럴 때마다 우리의 믿음도 흔들리고 있다면 문제가 있지 않을까요? 교회에서 직분을 가졌다고, 임원을 해봤다고 믿음이 무조건 좋은 것은 아닙니다. 이유를 모르는 현실 앞에서 어떤 선택을 하며 사는가가 그의 믿음입니다.

공동 기도

주님, 우리도 한 때는 헌신했고 열정이 넘치게 살았습니다. 그런데 어느 순간인가 우리는 힘겨운 현실 때문에 하나님을 잊고 삽니다. 헌신, 열정, 믿음에서 나오는 기도 생활이 어디로 갔는지 모르겠습니다. 현실이 우리의 믿음을 자주 무너지게 합니다. 현실을 주관하실 뿐만 아니라 그 너머에서도 역사하시는 하나님을 끝까지 의지할 수 있는 믿음을 주옵소서. 현실 때문에 믿음이 무너지지 않도록 도와주소서.

11 여호와께서 그의 분을 내시며 그의 맹렬한 진노를 쏟으심이여 시온에 불을 지르사 그 터를 사르셨도다

12 대적과 원수가 예루살렘 성문으로 들어갈 줄은 세상의 모든 왕들과 천하 모든 백성이 믿지 못하였었도다

13 그의 선지자들의 죄들과 제사장들의 죄악들 때문이니 그들이 성읍 안에서 의인들의 피를 흘렸도다

14 그들이 거리 거리에서 맹인 같이 방황함이여 그들의 옷들이 피에 더러워졌으므로 그들이 만질 수 없도다

15 사람들이 그들에게 외쳐 이르기를 저리 가라 부정하다, 저리 가라, 저리 가라, 만지지 말라 하였음이여 그들이 도망하여 방황할 때에 이방인들이 말하기를 그들이 다시는 여기서 살지 못하리라 하였도다

16 여호와께서 노하여 그들을 흩으시고 다시는 돌보지 아니하시리니 그들이 제사장들을 높이지 아니하였으며 장로들을 대접하지 아니하였음이로다

묵상 및 적용

....

....

....

....

....

....

....

개인 기도

묵상 도움

13절에 의하면 이스라엘이 하나님의 심판을 받음에 있어서 종교 지도자들의 죄는 심판의 강력한 근거였습니다. 선지자들과 제사장들은 이스라엘로 하여금 죄에서 돌이키지 못하게 했던(애 2:14) 거짓 선지자, 거짓 제사장들을 가리키기도 합니다. 거짓된 안정감에 사로잡히게 만든 그들의 죄는 이스라엘로 하여금 하나님을 찾지 못하게 했습니다. 그들은 이스라엘에 하나님의 심판이 임하자 자기만 살겠다고 다니다가 죽은 사람들의 피가 그들에게 닿음으로 부정한 자들이 되었고, 사람들은 그들을 피했으며 심지어 이방 사람들의 땅에 갔을 때에도 그곳의 이방인들은 그들을 받아주지 않았습니다.

종교 지도자들은 다른 한편으로 성전에서 충실히 자신들의 직무를 감당하던 제사장들과 하나님으로부터 부름을 받았던 선지자들을 의미하기도 합니다. 다른 예언서들에서도 볼 수 있는 것처럼 그들은 타락했고, 자신들의 생각과 맞지 않는 사람들을 헛되게 고소함으로써 의인들로 하여금 피를 흘리게 만들었습니다. 그들로 인해 주의 날이 왔습니다.[6] 그것이 아니라면 마땅히 해야 할 의무인 하나님의 말씀을 전하고, 백성들을 하나님께로 돌아오게 하는 것을 하지 않아 고통을 겪게 된 상황을 설명하는 것일 수도 있습니다.[7]

14절을 보면 그들은 하나님이 주신 묵시로 앞을 내다볼 수 있는 사람들이었는데 맹인이 되었으며, 누구보다도 '정결'했던 사람들인데 가장 부정한 사람들이 되었습니다. 그래서 그들이 누구였든 간에 당시 선지자, 제사장들은 사람들의 기피 대상이었던 것이 분명합니다.

15절에선 사람들이 이들을 향해 '저리 가라!'라고 외치는 장면을 보여줍니다. '저리 가라'를 세 번이나 반복한 것은 '긴박함'을 의미합니다.[8] 조금도 그들과 가까이하고 싶지 않았던 사람들의 마음을 느끼게 해 줍니다. 사람들은 이들과 조금도 가까이하고 싶어 하지 않습니다. 오늘날 사람들은 그리스도인들을 조금도 가까이하고 싶어 하지 않는 것 같습니다. 무엇이 문제일까요? 종교 지도자들과 그리스도인들은 올바르

---

6   가렛, 하우스, 『아가, 예레미야애가』, 665.

7   롱맨 3세, 『예레미야·예레미야애가』, 559.

8   가렛, 하우스, 『아가, 예레미야애가』, 666.

게 살아가고 있는데 그 세계를 전혀 이해하지 못하는 비그리스도인들을 탓해야 할까요? 이렇게 4장은 계속해서 변질된 종교지도자들을 지속적으로 보여주고 있습니다.

적용 도움

당시 종교지도자들이 기피 대상이 된 이유는 분명합니다. 하나님을 믿으며 누구보다 정결하게 살아야 했음에도 그들은 다른 이들과 다를 바가 하나도 없었으며, 오히려 더 타락했습니다. 자신의 이득을 위해 사람을 이용했고 죄를 짓는데 앞장섰습니다. 자신들에게는 전혀 문제가 없고, 다른 이들이 항상 문제라고 남 탓을 하는데 앞장섰던 사람들입니다. 그들이야말로 누구보다 하나님과 아무 상관없이 살았던 사람들입니다.

공동 기도

주님, 우리는 하나님을 믿는다는 정체성이 있습니다. 하나님의 말씀을 따른다는 정체성이 있습니다. 그것을 잊어버린다면 우린 그리스도인이라 말할 수 없습니다. 하나님을 믿지 않는 사람들과 우리 사이에, 삶과 생각과 가치관에서 어떠한 차이가 있는지 다시 한번 돌아보게 하옵소서. 하나님과 아무 상관없이 살면서도 믿음이 있다고 말하는 미련한 자들이 되지 않도록 도와주소서.

17 우리가 헛되이 도움을 바라므로 우리의 눈이 상함이여 우리를 구원하지 못할 나라를 바라보고 바라보았도다

18 그들이 우리의 걸음을 엿보니 우리가 거리마다 다 다닐 수 없음이여 우리의 끝이 가깝고 우리의 날들이 다하였으며 우리의 종말이 이르렀도다

19 우리를 뒤쫓는 자들이 하늘의 독수리들보다 빠름이여 산 꼭대기까지도 뒤쫓으며 광야에서도 우리를 잡으려고 매복하였도다

20 우리의 콧김(אַף) 곧 여호와께서 기름 부으신 자가 그들의 함정에 빠졌음이여 우리가 그를 가리키며 전에 이르기를 우리가 그의 그늘 아래에서 이방인들 중에 살겠다 하던 자로다

21 우스 땅에 사는 딸 에돔아 즐거워하며 기뻐하라 잔이 네게도 이를지니 네가 취하여 벌거벗으리라

22 딸 시온아 네 죄악의 형벌이 다하였으니 주께서 다시는 너로 사로잡혀 가지 아니하게 하시리로다 딸 에돔아 주께서 네 죄악을 벌하시며 네 허물을 드러내시리로다

묵상 및 적용

....

....

....

....

....

....

....

....

개인 기도

....

....

....

묵상 도움

하나님께서는 이스라엘에게 왕을 주시지 않으려 했습니다. 사람들은 기드온을 왕으로 삼고자 했으나 그는 이를 거부했습니다. 이스라엘이 섬겨야 할 대상은 인간이 아니라, 유일한 왕이신 하나님이시기 때문입니다. 정확한 이유가 있음에도 불구하고, 그들은 왕을 달라고 하나님께 요구했습니다(삼상 8:18-22). 어쩔 수 없이 하나님은 그들의 요구를 들어주셨지만, 대신 왕이 지켜야 할 항목들을 주셨습니다(신 17:14-20; 삼상 8-12장). 그런데 왕들은 이것을 지키지 않았습니다. 시간이 지나 백성들이 왕을 어떻게 생각했는지 20절이 말하고 있습니다.

그들은 왕을 '콧김'(아프, אַף)이라고 부릅니다. 직역하면 '우리들의 코의 숨/호흡'입니다. 이 말은 고대 가나안과 애굽에서도 지도자들을 부를 때 사용됐습니다. 이스라엘도 왕에 대해서 그렇게 생각했습니다. 자신들의 생명을 보호하고 안전을 지켜줄 수 있는, 잘 살게 해주는 존재로 여겼습니다.[9] 그리고

---

9   가렛, 하우스, 『아가, 예레미야애가』, 670; 이와 반대로 롱맨은 왕의 타락에 대해서 언급하지 않고, 19절에 표현된 표적자들에 의해 왕도 어려움을 겪게 되었다는 해석도 가능하다고 언급한다. 롱맨 3세, 『예레미야·예레미야애가』,

왕을 그늘 아래(그림자)라고 표현한 것은 메소포타미아의 전통을 따라 자기들을 보호해 줄 수 있는 신처럼 여겼다는 표현입니다.[10] 그런데 그런 존재는 하나님 외에는 없지 않은가요? 남유다가 멸망할 때 백성들은 왕을 그리도 중요하게 여겼지만, 왕은 그들을 구하고자 최선을 다하지 않았습니다.[11] 예루살렘 성전 파괴 당시 왕은 이미 판단력이 흐려진 자였습니다.

에돔을 '딸'이라고 표현했기 때문에, 마치 하나님과 이스라엘의 특별한 관계처럼 하나님과 에돔의 특별한 관계를 의미한다고 보기는 어렵습니다. 애가 1장에서 여성으로 표현된 예루살렘이 수치를 당한다는 여러 표현들과 같은 맥락에서 이해되어야 합니다.[12] 예루살렘이 당하고 있는 고난을 에돔도 경험하게 될 것이라는 말입니다.

4장 아크로스틱의 마지막 알파벳은 당연히 '타브'(ת)인데 거기에 '다했다'라는 히브리어 '타맘'(תמם)이 사용된 것은 완전히 끝났다라는 표현을, 아직 일어나지 않았지만 일어난 것처럼 완료형으로 쓰고 있습니다.[13] 애가는 이렇게 희망의 메시지를 조금씩 선포하고 있습니다. 하지만 기억해야 합니다! 회복에 관

561-2.

10   카이저, 『아가, 애가, 에스델, 룻기』, 203.

11   롱맨 3세, 『예레미야·예레미야애가』, 562.

12   Berlin, *Lamentations*, 114.

13   라이트, 『예레미야애가』, 203.

련된 내용이 적다고 해서 그 일이 일어날 가능성이 작다는 말은 아닙니다. 일을 이루시는 분은 하나님이시기 때문입니다.[14]

적용 도움

사람들은 영웅이 되고 싶어 하고, 또는 누군가를 영웅을 만들려고 하지만 성경은 언제나 하나님 외에는 없다는 이야기를 반복해서 강조합니다. 어떤 일을 하고 행사를 치르는 일에는 여러 사람들의 노고가 존재합니다. 당연히 그들을 존중하고 격려해야 합니다. 하지만 언제나 우리의 중심에는 '하나님'이 계셔야 합니다. 그렇지 않다면 아무리 멋진 행사라도 그저 사람들만의 축제에 불과할 것입니다. 하나님께 영광을 돌리지 않으면 어느 누군가가 그 영광을 취하려 할 것입니다. 생각보다 이렇게 쉽게 사람은 타락의 길로 들어섭니다.

공동 기도

주님, 우리의 중심에 언제나 하나님이 계셔야 함을, 그리고 모든 일이 영광을 하나님께 돌려야 함을 잊지 않게 하옵소서. 우리가 스스로 영웅이 되려는 욕망이나 사람을 영웅으로 세우려는 욕망 모두 갖지 않도록 도와주소서. 스스로 우상숭배하는 길로 빠지지 않도록 함께해 주옵소서.

---

14   라이트, 『예레미야애가』, 204.

애가

5장

고난 중에 근심과 애통을 더하다

° 5장을 묵상하기 전에

5장은 이전 장들의 시인들이 모두 모여[1] 복수형의 주어를 사용하며 공동체의 기도를 담고 있습니다. 아크로스틱의 형태가 완전히 무너졌으며, 히브리어 알파벳의 개수와 같은 22절을 유지하고 있을 뿐입니다. 내용의 양도 애가에서 가장 짧습니다. 형태의 무너짐은 현재 이스라엘의 상황을 보여주는 것일 수도 있고, 양이 짧아짐은 시인이 지쳐서 더 이상 말을 할 수 없는 상태임을 나타내는 것일 수도 있습니다.[2]

---

1   가렛, 하우스, 『아가, 예레미야애가』, 682.

2   롱맨 3세, 『예레미야·예레미야애가』, 566.

1 여호와여 우리가 당한 것을 기억하시고(זכר) 우리가 받은 치욕을 살펴보옵소서(ראה)
2 우리의 기업이 외인들에게, 우리의 집들도 이방인들에게 돌아갔나이다

묵상 및 적용

....

....

....

....

....

....

....

....

....

....

....

개인 기도

....

....

....

묵상 도움

애가는 다양한 언어와 비유 등을 사용해서 이스라엘 공동체가 경험하고 있는 고난을 설명합니다. 그리고 회복을 갈망하는 기도 또한 다양한 용어로 표현합니다. 하지만 반복해서 등장하는 단어나 문구도 있습니다. 앞서 하나님께서 자신과 민족의 삶에 관여해 주셔서 구원해 주시기를 바라는 중요한 용어 두 개가 있었습니다. 하나는 '기억하다'이고, 또 다른 하나는 '보다/살펴보다'입니다. 그 용어가 5:1에서는 전부 사용되어 화자의 마음을 표현하고 있습니다. 하나님의 구원과 회복을 간절히 바라는 시인의 마음이 강력하게 표현된 구절이라고 볼 수 있습니다.

또한 1절에서 사용된 두 개의 동사인 '기억하다'(자카르, זכר)와 '보다'(라아, ראה)는 모두 출애굽과도 관련 있다는 설명을 앞서 살펴보았습니다.[3] 시인은 과거에 하나님께서 기억하시고, 보셨을 때 역사가 일어났다는 사실을 알고 있습니다. 출애굽은 전적으로 하나님께서 주관하신 역사였으며 말로 표현하기도 힘든 기적과 같은 일이었습니다. 시인은 지금 그것을 기대하고 있습니다. 그래서 출애굽기의 용어를 빌려 모든 도움의 단어를 종합한 뒤 다시 한번 하나님께 요청하고 있는 시인의 심정을 볼 수 있습니다.

---

3 4일차 묵상 도움 참조, 46; 19일차 묵상 도움 참조, 113.

2절에서는 기업, 즉 '땅'에 관한 이야기를 합니다. 땅은 하나님의 약속에 의해서 주어졌고, 땅으로 인한 정체성이 이스라엘에게는 분명히 있었습니다. 그런데 이제 땅이 상실되었으니 그들의 정체성에도 혼란이 있을 수밖에 없는 상황에 대해서 어려움을 토로하고 있습니다.[4] 약속의 땅이 황폐해졌고 하나님의 임재의 상징이었던 성전도 무너졌으니 그들은 무엇으로 그들의 정체성을 유지할 수 있을지 고민이 많았을 것입니다. 하나님과 관련된 모든 것을 다 잃어버린 것만 같은 느낌이었을 것입니다. 하지만 땅과 성전 등은 외형적인 것일 뿐 하나님의 존재 자체는 달라진 것이 없었습니다. 그분은 언제나 그 자리에 계셨습니다. 혼란을 겪을 수 있지만 그들이 원래부터 집중해야 하는 것은 하나님의 존재 그 자체였습니다. 우리의 정체성의 핵심에는 하나님과 우리의 관계에 있지 결코 외형적인 것에 있지 않습니다.

---

4   구약성경 이후, 땅에 대한 시온주의자들의 생각과 그에 대한 반박에 관한 논의는 다음을 참고하라. 개리 버지, 『예수와 땅의 신학』, 이선숙 역 (서울: 새물결플러스, 2020[Gary M. Burge, *Jesus and the Land: The New Testament Challenge to "Holy Land" Theology*, London: SPCK, 2010]).

적용 도움

우리는 그리스도인이라는 정체성을 어떤 때 느낄까요? 예배를 빠지지 않는 것, 정기적으로 구제활동에 참여하는 것, 교회 봉사에 열심을 내는 것 등에서 느낄 수 있을까요? 그 모든 것이 다 중요하겠지만, 결국은 하나님과의 관계가 가장 중요합니다. 하나님과 나 자신과의 관계에는 아무 신경도 쓰지 않으면서 외형적인 모습만 갖춰가려고 한다면 그리스도인의 바른 정체성을 가졌다고 말할 수 없을 것입니다.

공동 기도

주님, 우리의 정체성은 하나님과의 올바른 관계로부터 세워지는 것임을 기억하게 하옵소서. 하나님의 응답과 반응은 아무것도 고려하지 않은 채 행한 여러 종교행위들이 우리의 만족을 위한 것은 아니었는지 돌아봅니다. 우리가 하나님과의 관계로부터 정체성을 바로 세우게 하옵소서. 신앙인의 겉모습만 갖춘 채 그리스도인이라고 말하는 거짓된 삶을 살지 않도록 도와주소서.

3 우리는 아버지 없는 고아들이오며 우리의 어머니는 과부들 같으니
4 우리가 은을 주고 물을 마시며 값을 주고 나무들을 가져오며
5 우리를 뒤쫓는 자들이 우리의 목을 눌렀사오니 우리가 기진하여 쉴 수 없나이다
6 우리가 애굽 사람과 앗수르 사람과 악수하고 양식을 얻어 배불리고자 하였나이다

묵상 및 적용

....

....

....

....

....

....

....

....

개인 기도

....

....

묵상 도움

시인은 공동체가 고아들, 과부들 같다고 표현합니다. 이 표현은 보호자가 없는 현 상황에 대한 설명입니다. 문자적으로 보호자는 아버지를 의미합니다. 하지만 이 문맥에서 보호자는 하나님입니다. 하나님의 보호를 받지 못하고 있는 현재 상태를 표현한 것입니다. 보호자가 제공해 주었던 물과 나무들을 이제는 스스로 구해야 합니다. 하지만 보호자 없이 그 일을 얼마 동안이나 할 수 있을까요? 항상 그들을 뒤쫓는 자들이 있고 물과 나무를 구하기 위한 비용은 충분하지 못할 것입니다. 이와 같이 스스로의 힘으로 부족함을 채우며 살아간다는 것은 극히 어려운 일입니다. 이스라엘이 그것을 진작에 깨달았다면 하나님을 찾았어야 합니다. 그런데 그들이 찾은 방법이라곤 애굽과 앗수르를 의지하는 것이었습니다. 그들에게 보호자가 되어 달라고 간청했습니다. 그것 또한 일정 부분 해결 방법이었을지 모릅니다. 그 당시에는 그것이 가장 지혜로운 방법이었을지 모릅니다. 하지만 이런 방법으로 얼마나 버틸 수 있을까요? 왜 그들은 즉시 하나님을 찾지 않았을까요? 오랫동안 하나님을 찾은 적이 없으니 하나님을 찾는 법을 잊어버렸을 것입니다. 하나님께 기도한다는 그 자체가 어색했을 것입니다. 그리고 그동안 자신들의 지혜로 무엇이든 해결할 수 있다고 생각해 왔으니 강대국을 의지하는 것이 가장 확실한 방법이라고 확신했을 것입니다. 이렇게 그들은 정말 어리석은 삶을 살아왔습니다.

인간은 창조될 때부터 하나님의 도우심 없이는 살아갈 수 없는 존재였습니다. 인간은 나약하고 유한하며 한계점이 많습니다. 원래부터 그런 피조물이었습니다. 그래서 인간의 유일한 보호자이신 하나님이 보호해 주셔야 살 수 있었습니다. 그런데 이스라엘은 그 사실을 너무 자주 잊어버렸고 우리도 마찬가지입니다. 보호자 되신 하나님은 우리 삶의 모든 영역에 반드시 계셔야 합니다. 하지만 일정 부분도 모자라 대부분의 영역에서 우리는 하나님을 보호자로 인정하지 않고 살아갑니다. 하나님의 보호 없이도 괜찮다고 착각합니다. 하나님의 보호를 받지 못했던 이스라엘의 마지막을 보십시오. 처참하기 이를 때 없습니다. 이와 같은 상황은 수 천년 전부터 지금까지 반복되고 있는데 우리는 왜 이렇게 깨닫지 못할까요? 우리는 왜 이렇게 미련할까요? 우리에겐 절대적으로 '하나님이 필요'합니다!

적용 도움

우리의 유일한 보호자는 하나님이심을 잊지 말아야 합니다. 우리 스스로 노력하는 것이 어느 정도 성공할 수는 있습니다. 하지만 오래가지 못합니다. 하나님이 아닌 다른 이를 의지하는 것 또한 일정 부분 해결 가능한 부분이 있을지도 모릅니다. 하지만 오래가지 못합니다. 하나님이 보호해 주시지 않는 인간의 삶은 존재할 수 없습니다.

공동 기도

주님, 주님께서 우리의 유일한 보호자이심을 믿습니다. 스스로가 가진 능력과 힘으로 무엇인가를 조금 이루었다고 해서 앞으로 모든 인생을 스스로 해결할 수 있다는 교만함을 버리게 하옵소서. 우리가 가진 지혜를 발휘하여 하나님이 아닌 다른 방법으로 문제를 해결해 보려는 어리석음을 버리게 하옵소서. 하나님을 의지하며 살아갈 수 있다는 것이 힘이며, 하나님을 찾을 수 있다는 것이 지혜임을 깨닫게 하옵소서. 그래서 하나님만을 의지할 수 있는 용기와 믿음을 주옵소서.

7 우리의 조상들은 범죄하고 없어졌으며 우리는 그들의 죄악을 담당하였나이다

8 종들이 우리를 지배함이여 그들의 손에서 건져낼 자가 없나이다

9 광야에는 칼이 있으므로 죽기를 무릅써야 양식을 얻사오니

10 굶주림의 열기로 말미암아 우리의 피부가 아궁이처럼 검으니이다

11 대적들이 시온에서 부녀들을, 유다 각 성읍에서 처녀들을 욕보였나이다

12 지도자들은 그들의 손에 매달리고 장로들의 얼굴도 존경을 받지 못하나이다

13 청년들이 맷돌을 지며 아이들이 나무를 지다가 엎드러지오며

14 노인들은 다시 성문에 앉지 못하며 청년들은 다시 노래하지 못하나이다

15 우리의 마음에는 기쁨이 그쳤고 우리의 춤은 변하여 슬픔이 되었사오며

16 우리의 머리에서는 면류관이 떨어졌사오니 오호라 우리의 범죄 때문이니이다

17 이러므로 우리의 마음이 피곤하고 이러므로 우리 눈들이 어두우며

18 시온 산이 황폐하여 여우가 그 안에서 노나이다

19 여호와 주는 영원히 계시오며 주의 보좌는 대대에 이르나이다

20 주께서 어찌하여 우리를 영원히 잊으시오며 우리를 이같이 오래 버리시나이까

묵상 및 적용

개인 기도

묵상 도움

7절은 이전 세대의 지은 죄로 인한 영향이 현재까지 이어지고 있음을 언급합니다. 이전 세대가 지은 죄 때문에 현세대가 왜 고난을 당해야 하는가에 대해 불만을 제기할 수 있습니다. 하지만 이 고난이 지금도 지속되고 있는 이유는 현 세대가 이전 세대에 이어 죄에서 떠나지 않고 있기 때문입니다. 굉장히 먼 이야기인 성경 속 내용에서 이스라엘이 죄를 짓고 심판을 당하는 것을 보며 남의 일처럼 여길 때가 많습니다. 하지만 그때 이스라엘이나 지금 우리의 삶이나 다르다면 과연 얼마나 다를까요? 우리는 그들보다는 훨씬 더 죄를 짓지 않기 위해 노력하고 정결하게 살기 위해 힘쓰고 있을까요? 긍정적인 대답이 나오기 쉽지 않을 것입니다. 이스라엘은 이전 세대 때문이라는 핑계를 대기 전에 지금 자신의 삶을 돌이켰어야 했습니다. 이전 세대가 죄를 짓지 않았다고 자신들도 죄를 짓지 않으리라는 법이 없듯이, 이전 세대가 죄를 지었다고 해도 지금 세대는 과감하게 죄를 떨쳐 버릴 수 있습니다. 과감한 결단이 필요했습니다! 그러지 못한 그들이 어떤 결과를 맞이했는지 시인은 또 다른 여러 표현들을 통해 현 상황을 설명합니다.

상황 설명에 관한 이어지는 구절을 보다가 15절에서 잠시 멈춰봅시다. 이 구절에서 기쁨과 춤은 예배 때 느낄 수 있는 감정이었습니다. 하지만 시인은 지금 누릴 수 없다고 고백합니다. 하나님의 임재로 말미암은 기쁨을 누렸을 때, 이스라엘은 춤을 추며 하나님을 예배했을 것입니다. 하지만 지금은 슬픔이 남아 있을 뿐입니다. 그런 예배의 기쁨이 왜 그들에게서 사라졌는지 정확히 알아야 하는데, 시인은 다행히도 잘 알고 있었습니다. 바로 '죄' 때문이었다고 고백합니다. 예배의 기쁨을 회복할 수 있는 요소는 굉장히 다양하겠지만 혹시 이 본문처럼 우리에게 있는 '죄'의 문제를 해결하지 못해 예배의 기쁨을 누리지 못하고 있는 것은 아닌지 우리 또한 돌아봐야 합니다.

18절의 여우는 당시에 버려진 지역에 살던 동물입니다. 그러므로 하나님의 임재가 있었던 시온 산은 이제 버려진 땅이 되었습니다. 하나님의 존재, 위엄 등은 결코 변화되지 않았지만, 사람들이 기대하던 모습은 사라졌습니다. 어떻게 이런 일이 일어날 수 있는지 아직 마음의 여러 감정이 해결되지 못한 시인은 언제까지 이 고통을 겪어야 하는지 하나님께 묻습니다. 시편에서도 이와 같은 기도가 자주 등장합니다. 이는 하나님을 향한 호소입니다. 끝까지 하나님 외에는 해결자가 없다는 신뢰의 또 다른 모습입니다.

적용 도움

죄는 누구 때문에 일어날 수도 있겠지만 대부분은 '내가' 문제입니다. 죄의 습성은 끊임없이 다른 누군가를 탓하고 핑계거리를 찾게 합니다. 우리는 과감하게 죄를 끊어야 합니다. 죄로부터 떠나야 합니다. 그래야 소망을 가질 수 있습니다. 예배의 기쁨을 다시 회복할 수 있습니다.

공동 기도

주님, 끊임없이 남 탓만 하며 제 자신에게 있는 죄를 바로 보지 못했던 연약함을 불쌍히 여겨 주옵소서. 우리 안에 있는 죄의 문제로 인해 우리 자신을 똑바로 보지 못했고, 예배의 감격을 잃어버린지 오래되었습니다. 이제 우리 안에 있는 죄를 과감히 끊고 정결한 삶을 살아가기 위해 몸부림치며 주 앞에 나아가길 원합니다. 도와주옵소서.

고난 중에 근심과 애통을 더하다

21 여호와여 우리를 주께로 돌이키소서 그리하시면 우리가 주
  께로 돌아가겠사오니 우리의 날들을 다시 새롭게 하사 옛적
  같게 하옵소서
22 주께서 우리를 아주 버리셨사오며 우리에게 진노하심이 참
  으로 크시니이다

묵상 및 적용

개인 기도

묵상 도움

시인은 앞선 장에서 자신의 죄를 깨달았고, 인정했고, 또한 회개했습니다. 그런데 상황이 당장 나아지거나 변화된 것은 아니었습니다. 그래서 독자는 언제 회복의 때가 일어나는지에 관해 궁금해할 수 있습니다. 그것을 해결하기 위해선 시인의 말을 주목해야 합니다.

하나님께로 다시 돌아서서 옛적 같게, 즉 하나님과의 올바른 관계가 있었던 그 상태로 회복되는 것은 인간 스스로가 결정하고, 정리할 수 있는 것이 아니었습니다. 그 주권은 오직 하나님께만 있습니다. 그렇기에 마땅히 회개-용서의 도식에서 회개는 하나님이 주시는 은혜로 말미암아 인간이 할 수 있지만 용서는 하나님의 주권이자 권위요, 하나님의 자유입니다. 그것을 정확하게 볼 수 있는 구절이 바로 22절입니다. 마지막 구절에서 앞서 나왔던 재확신의 고백이 드러나지 않는 것은 탄식의 상황 이후를 열어두는 결말입니다.[5]

애가 마지막 절의 첫 단어 '키 임'(כִּי אִם)을 어떻게 해석할지에 따라서 21-22절의 의미는 완전히 달라질 수 있습니다.[6]

---

5   고든 맥콘빌, 『선지서』, 성경이해 6, 박대영 역 (서울: 한국성서유니온
     선교회, 2009[Gordon McConville, *The Prophets*, Exploring the Old
     Testament 4, London: SPCK, 2002]), 174.

6   키-임의 해석에 대한 학자들의 논의는 다음을 참고하라. 가렛, 하우스, 『아
     가, 예레미야애가』, 703-5; 라이트, 『예레미야애가』, 223-5.

이 단어의 복잡함 때문에 칠십인역과 옛시리아역은 '임'(םא)
이라는 단어를 번역하지 않습니다. 학자들은 다른 본문(창
32:27; 레 22:6)에서의 사용 용례에 따라 '없었다면'으로 번역
하거나, 아니면 '당신이 그러한가?'라는 질문으로 번역할 수
도 있다고 제안했습니다. 그 외에도 '-하지 않았다면', '만일'
등의 번역도 제안했습니다. 또한 '-가 아니라면'이라고 번역하
면, 지금 당하고 있는 고난을 하나님의 본심이 아니라고 볼
수 있습니다. 학자들의 여러 의견들 중에서 가장 적절한 번
역은 '심지어', '-에도 불구하고', '-일지라도'[7]인 것 같습니다.
이렇게 번역하면 지금의 상황이 하나님으로부터 온 것임을
인정하면서 하나님의 긍휼과 자비를 기대할 수 있게 됩니다.
따라서 마지막 절을 이렇게 번역할 수 있습니다. '당신은 확
실하게 우리를 거절하였고 심히 크게(극에 달할 때까지) 우리에
게 화가 나셨을지라도.'

---

7   라이트, 『예레미야애가』, 222; Robert Gordis, "The Conclusion of the
     Book of Lamentations (5:22)," *JBL* 93, no. 2 (1974): 289-93.

적용 도움

회개 기도를 했다고 해서 무조건적으로 용서가 이루어진다는 도식을 가지고 있으면 안 됩니다. 용서의 최종 결정은 하나님의 몫입니다. 그저 우리는 최선을 다해 회개할 뿐입니다. 아울러 죄로 인한 결과로 어려움을 당해도 우리가 기도할 수 있는 이유는 하나님의 진노가 영원하지 않다는 것을 믿기 때문입니다. 그 소망을 가지고 기도하는 자세가 필요합니다.

공동 기도

주님, 기도하면 모든 게 해결된다는 것을 믿지만 그 믿음 속에 하나님의 영역을 반드시 기억하게 하옵소서. 용서와 응답의 결정은 하나님께서 하시는 일임을 인정하게 하옵소서. 우리가 오늘도 기도할 수 있음은 하나님의 긍휼하심에 기댈 수 있기 때문입니다. 영원히 우리에게 노하지 않으시는 주님께서 우리를 향한 긍휼과 자비를 베풀어 주소서.

애가 묵상을 끝내며

애가의 전체적인 흐름에서 명확하게 보여주는 신학적인 메시지는 무엇이 있을까요?

1. 애가의 시인은 자신과 민족의 죄로 인해 심판을 받았다는 것을 분명히 알고 있습니다. 그리고 회개합니다. 회개를 할 수 있다는 것은 다시 살아날 수 있는 가능성을 열어줍니다. 죄를 깨닫지 못하고 회개하지 못한다면 더 이상 그들은 살 수 있는 방법이 없습니다. 회개는 곧 살아남입니다. 고난의 이유를 다른 곳에서 찾지 말고 내 안에서 먼저 찾아야 하는 중요성을 알려줍니다.[1]

2. 이스라엘이 하나님의 경고를 듣지 못했기 때문에 심판받은 것은 아니었습니다. 하나님은 끊임없이 자신의 메시지를 주셨지만, 그들은 들을 마음이 없었고 들을 수 있는 마

---

1   맥콘빌, 『선지서』, 175. 이와 달리 시편에서는 무죄한 자의 탄원이 등장한다.

음도 없었습니다. 영적인 감각이 완전히 무너진 상태였습니다. 그래서 예언자들도 주의 묵시를 받을 수 없었습니다.

3. 하나님의 말씀은 우리가 언제나 하나님을 향할 수 있도록 돕습니다. 하지만 이 당시 종교 지도자들의 메시지는 헛된 것과 같았습니다. 오늘날에도 하나님으로부터 오는 메시지라면 우리의 방향을 하나님께로 향할 수 있도록 해야 합니다. 그것이 하나님의 말씀입니다!

4. 애가가 말하는 고난의 해결방법을 기억해야 합니다.
   1) 쉬지 않고 자신의 고통을 하나님께 호소하십시오. 그것이 기도의 형태를 띠지 않아도 상관없습니다.
   2) 하나님께서 도우실 것을 믿으며 마음에 있는 바를 쏟아내야 합니다.
   3) 하나님께서 자신을 구원하셨음을 경험한 적이 있다면 믿음으로 하나님의 구원을 기다려야 합니다.
   4) 자신의 존재는 티끌과 같다는 것을 기억해야 합니다. 피조물인 우리는 철저히 낮은 마음으로 창조주이신 하나님을 인정하며 살아가야 합니다.

5. 회개한다고 즉시 혹은 자신이 원하는 때에 상황과 환경이

바뀌는 것은 아닙니다. 하나님을 향한 기다림이 필요합니다. 하나님의 긍휼과 자비는 우리가 필요할 때마다 손쉽게 사용할 수 있는 그런 것이 아닙니다. 우리의 신앙이 느슨해지지 않도록 늘 주의해야 합니다. '혹시'의 신앙을 기억하시기 바랍니다.

6. 하나님의 긍휼과 자비는 우리를 포기하지 않습니다. 고난을 겪는다고 하나님이 우리를 버리신 것도 아닙니다(애 3:31).[2] 원하는 방법, 원하는 시간, 원하는 모습으로 변화되지 않는다고 해서 하나님이 기도를 듣지 않으시는 게 아닙니다. 마음이 흔들릴 때 하나님의 성실함을 기억하십시오. 그래서 애가는 현재의 상황을 넘어 하나님께 갈 수 있다는 신학을 제시하는데, 그 기초에는 하나님의 성품이 있습니다.[3] 애가의 시인이 외침의 기도를 하나님께 할 수 있었던 근거는 하나님을 향한 '신뢰'가 그의 중심에 있었기 때문입니다.

7. 시인은 하나님의 성실에 기대어 유일하게 할 수 있는 행동을 합니다. 그것은 '주여! 보십시오!'라는 외침이었습니다.

---

2   Jože Krašovec, "The Source of Hope in the Book of Lamentations," *VT* 42, no. 2 (1992): 223-33.

3   가렛, 하우스, 『아가, 예레미야애가』, 473-4.

자신의 힘으로는 도저히 해결할 수 없는 고통을 겪는 그
들에게 이는 유일한 방법이었습니다. 그래서 애가는 어떤
메시지나 신학을 주려고 하는 것이 아니라, 단순히 인간
의 고통을 말해주는 것에만 목적이 있다고 볼 수도 있습
니다.[4]

8. 유다의 죄가 무엇이든 간에 유다가 겪는 고통의 정도를 정
   당화할 수는 없을지도 모르겠습니다. 왜냐하면 여호와의
   징벌 도구인 적군이 행한 역할이 너무 과했기 때문입니다.
   그래서 애가의 시인은 적군도 비난하지만 여호와도 비난
   하고 있다는 해석 역시 가능합니다.[5] 하지만 그런 여호와
   를 향한 비난이 단순한 것은 아닙니다. 그것은 희망을 원
   하는 자들의 절규입니다. 희망을 보는 자들은 자신이 겪
   는 '악' 앞에서 침묵을 유지하는 자들이 아니라, 적극적으
   로 여호와의 도움을 호소하며 반응하는 사람입니다.[6]

9. 애기는 고통받는 자들의 외침입니다. 그것이 현재 내가 경

---

4   Michael S. Moore, "Human Suffering in Lamentations," *RB* 90, no. 4
     (1983): 534-55

5   F. W. Dobbs-Allsopp, "Tragedy, Tradition, and Theology in the Book
     of Lamentations," *JSOT* 22, no. 74 (1997): 37-8.

6   Dobbs-Allsopp, "Tragedy, Tradition, and Theology in the Book of Lamentations"
     55-6.

험하고 있는 나의 외침이 될 수도 있습니다. 하지만 그 외침은 또한 우리 주변의 외침일 수도 있습니다. 누군가 우리 주변에서 '주여 보시옵소서!'를 외치고 있다면 하나님은 우리로 하여금 그들의 고통과 함께 하기를 원하실 것입니다. 우리는 주변의 목소리에 반응해야 합니다.

애가에는 신정론이 있을까요? 하나님의 행동은 옳은 것이었나요?

1. 이에 관해 보즈(E. Boase)는 신정론적인 요소가 분명히 등장하지만, 죄와 형벌 사이의 일치를 완전히 입증하는 것은 어렵다고 봅니다. 왜냐하면 유다가 현재 겪고 있는 상황이 모든 백성의 죄로 인한 문제인지, 특정 그룹의 죄 때문인지 명확히 알 길이 없기 때문입니다. 고통을 겪고 있는 '딸 시온'도 가해자로 언급되지 않고 피해자로 나타납니다. 하지만 실존의 위기 앞에 서 있는 그들의 입장에서 현재의 상황이 여호와께서 보복적(retributive) 정의를 행하시는 것이 아니라고 누가 부정할 수 있을까요? 그렇다고 교육을 위한 심판을 행하시는 중이었을까요? 그것도 명확하지 않습니다. 현재 믿음을 지키면 이후에 지금의 인내가 결코 헛되지 않았음을 알 수 있다는 종말론적 신정론에도 애가는 포함되지 않습니다. 결론적으로 보즈는 신정론적

요소가 애가에 없는 것은 아니지만 그것이 주요 메시지는 아니라고 말합니다. 그렇다고 신정론이 없다는 의견에도 무리가 있음을 언급합니다. 핵심은 폐허 속에 살아남은 자들에게 있는 실존의 현실을 하나님 앞에서 가져와 탄원하는 것입니다.[7]

2. 애가는 민족의 고난이 죄 때문이라는 명확한 근거를 제시한다고 볼 수도 있습니다. 일부 사람들의 죄만 언급하고 있더라도 전적으로 그들의 죄만 문제가 되었던 것은 아닙니다.[8] 유다 전체적으로 만연해 있던 죄로 인해 심판을 받습니다. 그러나 심판 중에 있더라도 하나님과 이스라엘의 관계가 끊어지는 것은 아닙니다. 고난 중에도 여전히 하나님은 이스라엘의 희망의 대상입니다. 찾아야만 하는 유일한 분입니다.[9] 반대로 베를린은 애가가 유다 멸망의 원인에 대해서는 말하지 않고, 멸망했다는 사실만 말하고 있다고 봅니다. 애가에는 고통의 설명도 없고 미래도 없다는 것이 그의 주장입니다.[10]

---

7   Elizabeth Boase, "Constructing Meaning in the Face of Suffering: Theodicy in Lamentations," *VT* 58, no. 4-5 (2008): 449-68.

8   Renkema, *Lamentations*, 526.

9   랄레만, 『예레미야·예레미야애가』, 514.

10   Berlin, *Lamentations*, 18.

3. 애가에는 그들이 언약적 의무를 저버렸기 때문에 처벌을 받아야 한다는 신명기적인 사고가 녹아 있다고 볼 수도 있겠지만, 애가의 내용에서 그런 일을 행한 자들은 소수로 보입니다. 전체적으로 죄에 빠졌다고 보기에는 어렵습니다. 그래서 전통적이며 지배적인 신명기적 세계관에 대한 부정적인 견해를 표한다고 볼 수도 있습니다. 이런 세계관은 제2성전기 후기에는 가야 보다 정확하게 나타나지만 이미 포로기를 경험한 때부터 조금씩 흔들리고 있었을 것입니다. 애가는 전통적인 신명기의 관점을 받아들이면서도 동시에 앞선 세대의 죄로 인해 자신들이 왜 고통을 당해야 하는지 의문을 제기합니다. 그러므로 애가는 전통적으로 아무 문제 없이 받아들이던 신학에 조금씩 균열이 생기는 과정을 겪고 있습니다.[11]

왜 하나님은 침묵하고 계신가요?

해리스(B. Harris)와 만돌포(C. Mandolfo)는 네 가지 가능성으로 접근합니다. 첫째, 딸 시온의 죄 때문에 분노하셔서 침묵하셨습니다. 둘째, 하나님의 침묵은 공손한 침묵이었습니

---

11   Williamson, "Taking Root in the Rubble: Trauma and Moral Subjectivity in the Book of Lamentations," 7–23.

다. 이 제안을 따르면 하나님은 훌륭한 경청자라는 이미지를 생각하게 됩니다. 하나님은 딸 시온이 애도를 쏟아내는 동안 침묵하며 기다려 준 것입니다. 셋째, 하나님이 당혹감으로 침묵하고 계신 상황입니다. 지금 이런 상황이 일어난 것에 대해서 하나님도 당황하셨다고 봅니다. 넷째, 교육적 침묵일 수 있습니다. 마치 부모가 아이를 훈육하기 위한 목적에서 그런 것입니다.[12] 답스-알삽은 고난의 정도가 어떠하든 하나님의 침묵은 정당화될 수 없으며, 당면한 고난과 맞서 싸우는 것이 옳다고 봅니다.[13]

애가는 회복 없이 끝났습니다. 우리는 무엇을 생각해야 하나요?

1. 애가의 저자는 이스라엘이 겪는 고통이 끝나지 않았음을 강조하려 했을까요? 아니면 그 가운데서도 소망이 있다는 것을 말하고 싶었을까요? 미들마스(J. Middlemas)는 독자 반응비평의 관점에서 폭풍우에 대한 이미지로 애가를 접근합니다. 폭풍우는 하나님의 심판을 상징하기도 하지만, 동시에 하나님의 임재를 상징하기도 한 구약성경의 예가

---

12   Beau Harris and Carleen Mandolfo, "The Silent God in Lamentations," *Int* 67, no. 2 (2013): 133-43.

13   답스-알삽, 『예레미야애가』, 263-4.

있다는 것을 언급합니다. 같은 의미로 애가는 아직도 유다가 심판 아래에 있음을 표현하고 싶어 하는 것인지, 아니면 미래의 희망을 제시하려고 하는지에 대해 선택을 요구하지 않는다고 봅니다. 두 개의 모습이 동시에 드러난다고 보는 것입니다.[14]

2. 게르스텐버거(E. S. Gerstenberger)는 애가가 포로기 또는 포로후기에 집단적 외상을 경험한 공동체가 과거를 회상하고, 당시의 상황을 이해하고, 그 시기를 애도하는 예배에 사용할 목적으로 평가되어야 한다고 주장합니다.[15]

3. 대부분의 학자들은 애가에 하나님의 말씀이나 응답이 없다고 말합니다. 하지만 우리는 회복을 기대할 수 있습니다. 애가를 정경으로 읽는 그리스도인들은 고난의 이야기가 끝이 아니라고 생각합니다. 고난 끝에 다다를 하나님의 회복이 있기 때문에 지금은 그 희망을 향해 걸어가는 중입니다. 본문에는 희망의 메시지가 없음에도 말입니다.[16]

---

14   Jill Middlemas, "The Violent Storm in Lamentations," *JSOT* 29, no. 1 (2004): 81–97.

15   Erhard S. Gerstenberger, "Elusive Lamentations: What Are They About?," *Int* 67, no. 2 (2013): 121–32.

16   Pieter M. Venter and Shinman Kang, "A Canonical-literary Reading of Lamentations 5," *HvTSt* 65, no. 1 (2009): 1–7.

애가 묵상을 돕는 참고 문헌

Assis, Eliyahu. "The Alphabetic Acrostic in the Book of Lamentations." *CBQ* 69, no. 4 (2007): 710–24.

———. "The Unity of the Book of Lamentations." *CBQ* 71, no. 2 (2009): 306–29.

Bergant, Dianne. "êkāh: A Gasp of Desperation (Lamentations 1:1)." *Int* 67, no. 2 (2013): 144–54.

Berlin, Adele. *Lamentations*. OTL. Louisville, KY: Westminster John Knox Press, 2004.

Berman, Joshua. "The Drama of Spiritual Rehabilitation in Lamentations 1." *JBL* 140, no. 3 (2021): 557–78.

Boase, Elizabeth. "Constructing Meaning in the Face of Suffering: Theodicy in Lamentations." *VT* 58, no. 4–5 (2008): 449–68.

———. "Grounded in the Body: A Bakhtinian Reading of Lamentations 2 from Another Perspective." *BibInt* 22, no. 3 (2014): 292–306.

Brug, John Frederick. "Biblical Acrostics and Their Relationship to Other Ancient Near Eastern Acrostics." In *The Bible in the Light of Cuneiform Literature: Scripture in Context III*. Hallo, William W., Jones, Bruce William, Mattingly, Gerald L. Ancient Near Eastern Texts and Studies, 283–304. Lewiston, N.Y.: E. Mellen Press, 1990.

Dobbs–Allsopp, F. W. "Tragedy, Tradition, and Theology in the Book of Lamentations." *JSOT* 22, no. 74 (1997): 29–60.

Emerton, John A. "The Meaning of 'abne qodesh in Lamentations 4:1."
    ZAW 79, no. 2 (1967): 232–36.

Gerstenberger, Erhard S. "Elusive Lamentations: What Are They
    About?". *Int* 67, no. 2 (2013): 121–32.

Gladson, Jerry A. "Postmodernism and the Deus absconditus in
    Lamentations 3." *Bib* 91, no. 3 (2010): 321–34.

Gordis, Robert. "The Conclusion of the Book of Lamentations (5:22)."
    JBL 93, no. 2 (1974): 289–93.

Harris, Beau, Mandolfo, Carleen. "The Silent God in Lamentations."
    Int 67, no. 2 (2013): 133–43.

Johnson, Bo. "Form and Message in Lamentations." *ZAW* 97, no. 1
    (1985): 58–73.

Krašovec, Jože. "The Source of Hope in the Book of Lamentations." *VT*
    42, no. 2 (1992): 223–33.

Labahn, Antje. "Fire from Above: Metaphors and Images of God's
    Actions in Lamentations 2.1–9." *JSOT* 31, no. 2 (2006): 239–56.

Middlemas, Jill. "The Violent Storm in Lamentations." *JSOT* 29, no. 1
    (2004): 81–97.

Moore, Michael S. "Human Suffering in Lamentations." *RB* 90, no. 4
    (1983): 534–55.

Provan, Iain W. "Past, Present and Future in Lamentations III 52–
    66: The Case for a Precative Perfect Re-Examined." *VT* 41, no. 2
    (1991): 164–75.

Renkema, J. "The Meaning of the Parallel Acrostics in Lamentations."
    VT 45, no. 3 (1995): 379–82.

————. *Lamentations*. HCOT. Leuven(Belgium): Peeters, 1998.

————. "The Literary Structure of Lamentations (I)." In *The Structural
    Analysis of Biblical and Canaanite Poetry*. Meer, Willem van der,
    Moor, Johannes Cornelis de. JSOTSup, 294–320. Sheffield: JSOT
    Press, 1988.

Salters, R. B. *Lamentations*. ICC. London; New York: T&T Clark,

2010.

Salters, Robert B. "Structure and implication in lamentations 1?". *SJOT* 14, no. 2 (2000): 293–301.

Savarikannu, Balu. "Expressions of Honor and Shame in Lamentations 1." *Asian Journal of Pentecostal Studies* 21, no. 1 (2018): 81–94.

Sæbø, Magne. "Who is 'the Man' in Lamentations 3? A Fresh Approach to the Interpretation of the Book of Lamentations." In *Understanding Poets and Prophets: Essays in Honour of George Wishart Anderson.* Auld, A. Graeme. JSOTSup, 294–306. Sheffield: Sheffield Academic Press, 1993.

Slavitt, David R. *The Book of Lamentations: A Meditation and Translation.* Baltimore: The Johns Hopkins University Press, 2001.

Stone, Mark P. "(More) On the Precative Qatal in Lamentations 3.56–61: Updating the Argument." *JSOT* 45, no. 4 (2021): 493–514.

Thomas, Heath. "The Meaning of zōlēlâ (Lam 1:11) One More Time." *VT* 61, no. 3 (2011): 489–98.

Venter, Pieter M., Kang, Shinman. "A Canonical–literary Reading of Lamentations 5." *HvTSt* 65, no. 1 (2009): 1–7.

Williamson, Robert. "Taking Root in the Rubble: Trauma and Moral Subjectivity in the Book of Lamentations." *JSOT* 40, no. 1 (2015): 7–23.

가렛, 두안, 하우스, 폴 R. 『아가, 예레미야애가』 WBC 성경주석, 채천석 역. 서울: 도서출판 솔로몬, 2010[Garrett, Duane, House, Paul R. *Song of Songs, Lamentations.* WBC 23B. Nashville: Thomas Nelson Publishers, 2004].

답스–알삽, F. W. 『예레미야애가』 현대성서주석, 이승갑 역. 서울: 한국장로교출판사, 2012[Dobbs–Allsopp, F. W. *Lamentations.* Interpretation. Louisville, KY: John Knox Press, 2002].

라솔, 윌리엄 S., 허바드, 데이비드 앨런, 부쉬, 프래드릭 윌리엄. 『구약개관』, 박철현 역. 고양: 크리스챤 다이제스트, 2002[Lasor, William Sanford, Hubbard, David Allan, Bush, Frederic William. *Old*

Testament Survey: The Message, Form, and Background of the Old Testament. 2nd ed. Grand Rapids, Mich.: Eerdmans, 1996].

라이트, 크리스토퍼. 『예레미야애가』 Bible Speaks Today, 백지윤 역. 서울: IVP, 2021[Wright, Christopher J. H. *The Message of Lamentations*. London: Inter-Varsity Press, 2015].

랄레만, 헤티. 『예레미야·예레미야애가』 틴데일 구약주석 시리즈 21, 유창걸 역. 서울: 기독교문서선교회, 2017[Lalleman, Hetty. *Jeremiah and Lamentations*. TOTC. London: Inter-Varsity Press, 2013].

롱맨 3세, 트램퍼. 『예레미야·예레미야애가』, 이철민 역. 서울: 성서유니온, 2017[Longman III, Tremper. *Jeremiah, Lamentation*. Understanding the Bible Commentary. Grand Rapids, MI: Baker Publishing Group].

맥콘빌, 고든. 『선지서』 성경이해 6, 박대영 역. 서울: 한국성서유니온선교회, 2009[McConville, Gordon. *The Prophets*. Exploring the Old Testament 4. London: SPCK, 2002].

미들마스, 질. 『이스라엘의 무성전 시대: 포로기의 역사, 문헌, 그리고 신학에 대한 개요』, 홍성혁 역. 서울: CLC, 2018[Middlemas, Jill Anne. *The Templeless Age: An Introduction to the History, Literature, and Theology of the "Exile"*. Louisville, Ky.: Westminster John Knox Press, 2007].

버지, 개리. 『예수와 땅의 신학』, 이선숙 역. 서울: 새물결플러스, 2020[Burge, Gary M. *Jesus and the Land: The New Testament Challenge to "Holy Land" Theology*. London: SPCK, 2010].

슈미트, 베르너 H. 『구약성서 입문』, 차준희, 채홍식 역. 서울: 대한기독교서회, 2007[Schmidt, Werner H. *Einführung in das Alte Testament*. 5. Aufl. Berlin: Walter de Gruyter, 1995].

스쿠걸, 헨리. 『인간의 영혼 안에 있는 하나님의 생명』 세계기독교고전, 47, 모수환 역. 고양: 크리스챤다이제스트, 2003[Scougal, Henry. *The Life of God in the Soul of Man*.].

쳉어, 에리히. 『구약성경 개론』 신학텍스트총서 1.4, 이종한 역. 칠곡: 분도출판사, 2012[Zenger, Erich. *Einleitung in das Alte Testament*. 5.

Aufl. Stuttgart: W. Kohlhammer, 2004].

카이저, 오토. 『아가, 애가, 에스델, 룻기』 국제성서주석, 박영옥 역. 서
  울: 한국신학연구소, 1992[Kaiser, Otto. *Klagelieder*. ATD 16/2
  Göttingen: Vandenhoeck & Ruprecht, 1981].

우리의 춤은 변하여 슬픔이 되고

초판 1쇄 발행 2024년 2월 12일

지은이 전원희
펴낸이 박지나
펴낸곳 지우
출판등록 2021년 6월 10일 제399-2021-000036호
이메일 jiwoopublisher@gmail.com
인스타그램 instagram.com/jiwoopub
페이스북 facebook.com/jiwoopublisher
유튜브 youtube.com/@jiwoopub

ISBN 979-11-93664-01-8 03230

지우
겸손하고 선한 그리스도인들을 위한
좋은 책을 만듭니다.